বোর্ড পরীক্ষায় কি ভাবে সফল হবেন ?

(Board Exam. Special)

ডঃ সুনীল বৈদ

ডায়মণ্ড বুক্স

প্রকাশক	ঃ	ডায়মণ্ড বুক্স (প্রা.) লিমিটেড X - 30, ওখলা ইণ্ডাস্ট্রিয়াল এরিয়া, ফেজ - II নূতন দিল্লী - 110 020
ফোন	ঃ	011-40712200
ই-মেল	ঃ	sales@dpb.in
ওয়েবসাইট	ঃ	www.dpb.com
বঙ্গানুবাদ	ঃ	সুমনা চক্রবর্তী
সম্পাদনা	ঃ	সমীর দে
লেজার টাইপসেটিং	ঃ	ল্যাঙ্গুয়েজট্রন
মুদ্রক	ঃ	Repro (India)

Board Parikshai Ki Bhabe Safal Hoben? (Bengali)
by: *Dr. Sunil Vaid*

প্রস্তাবনা

এই পুস্তক আপনাকে শ্রেষ্ঠত্বের ঊর্দ্ধে পৌঁছে দিতে কি ভাবে সহায়ক হতে পারে?

প্রিয় বন্ধুরা,

আপনারা কি জানেন কতটুকু নম্বরের পার্থক্য, বোর্ড পরীক্ষায় সফলতাকে ব্যর্থতায় পরিবর্তিত করতে পারে? আপনারা সেই পরিসংখ্যান দেখলে আশ্চর্য হয়ে উঠবেন।

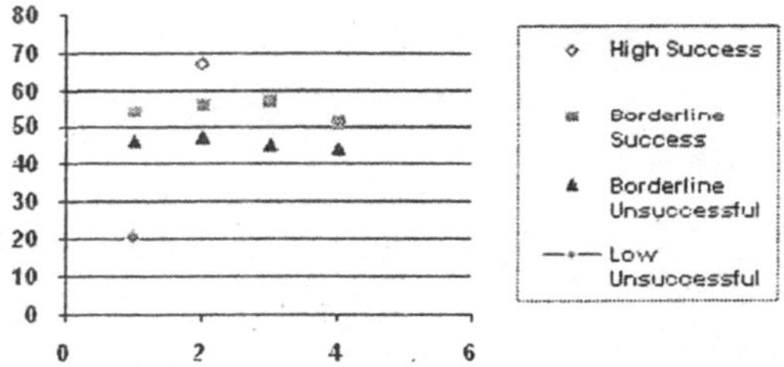

আপনারা এটা দেখতে পাবেন যে. সকল গুরুতর পরীক্ষার মধ্যে থেকে, 80%, +/- 10% বোর্ডের কাট অফ্ সীমায় আসছে। অর্থাৎ যদি আপনারা 1 থেকে 9% নম্বর আরও পেতেন... তবে আপনারাও সফল হতে পারতেন। এই পুস্তকও এটাই চায় যে, আপনারা ততটাই পরিশ্রম করে আরও 5 থেকে 10% বেশী পান... যাতে আপনারাও সহজে সফল হতে পারেন... কারণ যত দিন যাবে, প্রতিযোগিতা ততই কঠিন হয়ে উঠবে।

কি ভাবে নিজের প্রদর্শনের স্তরকে উন্নত করে তুলবেন?

কঠোর পরিশ্রমের বিকল্প নেই ঠিকই... কিন্তু শুধু পরিশ্রম করলেই সফলতা প্রাপ্ত হবে না! তার জন্য আপনাদের পড়াশোনা করার এমন স্মার্ট টেক্‌নিকের প্রয়োগ করতে হবে... যেটা আপনাদের মস্তিস্কের

ভেতরে লুকিয়ে থাকা গোপন ক্ষমতাকে বাইরে বার করে আনতে পারবে! বিভিন্ন অধ্যয় থেকে এটা জানতে পারা গেছে যে, গড়পড়তা ছাত্র-ছাত্রীরা নিজেদের মস্তিস্কের ক্ষমতার 20%-য়ের বেশী উপযোগ করতে পারে না! এই স্মার্ট টেক্‌নিক *(Bar-rising Techniques)* আপনাদের পড়াশোনার সমস্ত পক্ষগুলিকে সুবিন্যস্ত করে তুলবে – কখন পড়বেন... কোথায় পড়বেন... কখন রিভাইজ করবেন... কি ভাবে স্মৃতিশক্তি বৃদ্ধি করবেন... বহু বিকল্পীয় প্রশ্নের উত্তর কি ভাবে মনে রাখবেন *(যেটা ছাত্র-ছাত্রীরা প্রায়ই ভুলে যায়)*। কঠোর প্রতিযোগিতার এই যুগে ছাত্র-ছাত্রীদের বিজ্ঞানসম্মত টেক্‌নিক গ্রহণ করা উচিত... যাতে তারা শ্রেস্ঠ থেকে শ্রেস্ঠতর প্রদর্শন করতে পারে!

দয়া করে দৃষ্টি দিন ঃ এই সমস্ত টেক্‌নিক নিজেদের পড়াশোনায় শামিল করার কোন প্রয়োজন নেই। শুধুমাত্র সেখানেই এগুলির প্রয়োগ করুন, যেখানে একটু কঠিনতার মুখোমুখি হবেন। আমেরিকানরাও এমনটা বলে ঃ-

"যে জিনিষ ভাঙেনি, সেটাকো সারানোর কি প্রয়োজন?"

দয়া করে দৃষ্টি দিন ঃ এই পুস্তকে কিছু কথার পুনরাবৃত্তি বেশ কিছু স্হানে করা হয়েছে। এই অধ্যায়ের তথ্যকে সম্পূর্ণ করে তোলার জন্য এবং আপনাদের সেগুলোর গুরুত্ব বোঝানোর জন্যই এমনটা করা হয়েছে।

এই পুস্তকের উদ্দেশ্য ঃ

সফলতা এবং প্রদর্শনের সম্পর্কে কথা বলার পর আমি এই জিনিষটার ওপরে জোর দিতে চাইব যে, এই জীবন কোন সরল রেখা নয়। এটা ত্রিপাক্ষিক সংকেতের মতন হয়... যেটা ঠিক কোন ধাঁধার মতই ওপর-নীচে বা আড়াআড়ি মোড় ঘুরতে থাকে। কেবলমাত্র সেই-ই বিজয়ী হতে পারে, যে সফলতা প্রাপ্ত করার জন্য যে কোন কিছু করতে প্রস্তুত থাকে... ভালো-মন্দ, ঠিক-বেঠিক – সব কিছু; সে ভালোর সাথে-সাথে খারাপ কথা শুনতেও শেখে *(যদি তার থেকে সফলতা পাওয়া যায়)*; সে ভালো কথা বলতে শেখে... কিন্তু সফলতার জন্য মন্দ কথা বলতেও পিছপা হয় না। আরে ভাই, আমরা কোন বাঁদর নই তো ?

❑

এই পুস্তকে প্রযুক্ত সংকেত
আইডিয়া – অসামান্য বিচার

আইডিয়া

গুরুত্বপূর্ণ - এটিকে
এখনই নোট করুন

মনে রাখবেন

সফলতা - সফলতার চাবিকাঠি

সময় পালাচেছ – কাজ এখনই সারুন

দেখুন – গুরুত্বপূর্ণ
তথ্য ঃ মন দিয়ে পড়ুন

সাবধান ঃ এই রাস্তা এড়িয়ে চলুন

সূচীপত্র

প্রথম ভাগ ঃ এ্যাকাডেমিক পরীক্ষা

দ্বিতীয় ভাগ ঃ সফলতার সাধন

তৃতীয় ভাগ ঃ সফলতার পথে বাধা

পরীক্ষায় সফল কি ভাবে হবেন ?

যখন কোন ব্যক্তিকে এমন প্রশ্ন করা হয় – *"আপনার কাছে পরীক্ষার অর্থ কি ?"*... তখন সেটার বে কিছু রোচক উত্তর পাওয়া যায়। বেশীর ভাগ লোক বলেন – *"পরীক্ষা তো আমাদের ভয় পাওয়ানোর বা ঘাবড়ে দেওয়ার একটা উপায় মাত্র!" (একজন বলেছিলেন – "প্যান্ট ভেজানোর একটা উপায়!")* সংক্ষেপে বলা যায়, বেশীর ভাগ লোকেদের মতেই পরীক্ষা আমাদের ভয় দেখায়!

সমস্যা হচ্ছে এই যে, এই সমস্ত বিচার-বিবেচনাই পরীক্ষাকে আমাদের কাছে ভয়ংকর করে তুলেছে অর্থাৎ এমন একটা ভয় পাইয়ে দেওয়া ঘটনা... যাতে মানসিক চাপ তো থাকেই, সেই সঙ্গে কখনো-কখনো প্রচণ্ড টেনশনও হয়। এটাই পরীক্ষায় সফলতা পাওয়ার সম্ভাবনায় সব থেকে বড় বাধা হয়ে ওঠে!

আমার মতে যে সমস্ত ছাত্র-ছাত্রীরা পরীক্ষাকে পড়াশোনা বা জীবনের একটা অনিবার্য কাজ বলে মনে করেন... তাঁরা অতি সহজেই এটা পার করতে পারেন এবং সফলও হতে পারেন। সবার আগে সফলতার সাথে-সাথে এই লুকোচুরি খেলায় এটা ঠিক করে নিন যে, আপনি

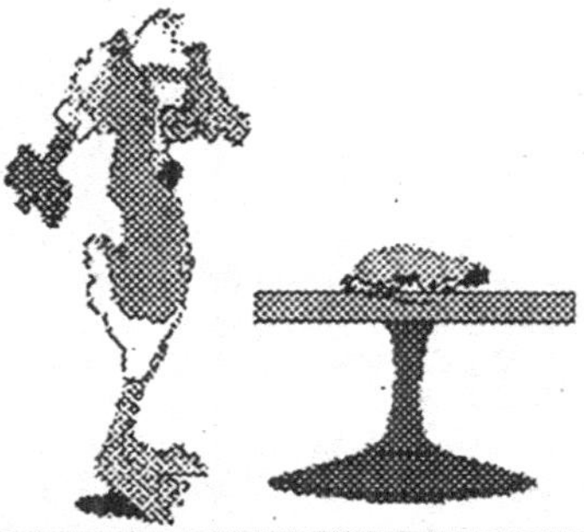

পরীক্ষাকে সঠিক দৃষ্টিভঙ্গীতে দেখবেন। এটিকে এমন এক প্রয়োজন বলে মনে করুন... যেটা আপনার স্তর বৃদ্ধির জন্য, আপনার প্রদর্শনকে অনেক বেশী নিপুণ করে তোলার জন্য আবশ্যক! এটা দুনিয়াকে আপনার ক্ষমতা

এটা একটা R.A.T. পরিবর্তন করে দেয় Routinely Administered Test

দেখানোর একটা সুযোগ; এমন একটা সিঁড়ি... যার ওপরে চড়লে আপনি জীবনের পরবর্তী ধাপে পৌঁছতে পারবেন – এর মধ্যে লুকিয়ে রয়েছে সেই রোমাঞ্চ... যে রোমাঞ্চ আপনি ভিডিও গেমের পরবর্তী লেবেলে যাওয়ার সময় অনুভব করেন।

পরীক্ষার ব্যাপারে একটা বিষয় মনে রাখবেন – আপনি যদি এই জংলী CAT *(Common Admission Test)*-কে নিজের পোষা বানাতে চান, তবে এটিকে RAT *(A Routinely Administered Test)*-তে বদলে ফেলুন, ! একে Tiger হতে দেবেন না... অন্যথা এটা আপনাকেই খেয়ে ফেলবে। যদি এমনটা করতে পারেন... তবে ধরে নিন যে, আপনি পরীক্ষার প্রথম ভাগ পার করে নিয়েছেন!

❑

পরীক্ষায় কে জেতে – সঠিক মনোভাব

(Right Attitude)

আমার নিজের পড়াশোনায় বেশী নম্বর কি ভাবে পেতে পারি ?

একজন ছাত্র হিসেবে যখন আমি নিজেকে এই প্রশ্ন করেছিলাম, তখন তার উত্তর পেয়েছিলাম – *"পড়াশোনার ক্ষেত্রে কোন শর্ট-কাট হয় না... প্রথম ও শেষ কথা হল পরিশ্রম করে চলো !"* আজ পনেরো বছর ধরে মনোবিজ্ঞানের জগতে যুক্ত থাকার পর আমার এমনটা মনে হয় যে, আজ আমি অনেক বেশী কিছু জানি।

একই পড়াশোনা এবং একই জ্ঞানের মাধ্যমে আপনি 10% বেশী নম্বর পেতে পারেন।

স্মার্ট ষ্টাডী - *(Smart Study with Scientific Techniques)* প্রমাণিত বৈজ্ঞানিক টেক্‌নিক এবং ইতিবাচক মনোভাব *(Positive Attitude)* দ্বারা। আপনার মধ্যে এই মনোভাব আছে কি ? আসুন, একটা ছোট্ট টেস্ট নেওয়া যাক ঃ

প্রথম ধাপ – টেস্টটা খুবই সহজ... কিন্তু দয়া করে আমি যা বলছি, তেমনটাই করুন। টেস্ট শুরু হচ্ছে ঃ

যদি আপনার এমনটা মনে হয় যে, আপনি বোর্ড পরীক্ষায় 80%-য়ের বেশী নম্বর পেতে পারেন, তবে এখুনি বাঁ হাত তুলুন!

> idea
>
> **ভাল টেক্‌নিক + ইতিবাচক মনোভাব = 10 শতাংশ বেশী নম্বর**

দ্বিতীয় ধাপ – নিম্নলিখিত বিষয় অনুসারে পরিণাম দেখুন ঃ

01. আপনি কি সত্যিই হাত তুলেছেন *(হাত তুলেছেন, না কি শুধুমাত্র ভেবেছেন ?)* লিখুন *'হ্যাঁ'*।

02. আপনি হাত তোলেননি... কারণ আপনি এমনটা মনে করেন যে, আপনি 80%-য়ের কম নম্বর পাবেন ! সেক্ষেত্রে লিখুন *'না'*।

03. 80%-য়ের বেশী নম্বর পাওয়ার সম্ভাবনা থাকা সত্ত্বেও হাত না তুললে লিখুন *'হ্যাঁ' – 'না'*।

তৃতীয় ধাপ – অনুমান / নিষ্কর্ষ

যদি আপনার উত্তর *'হ্যাঁ'* হয়... তবে ধরে নিতে হবে যে, আপনার মধ্যে টেক্‌নিক্ জানার প্রবৃত্তি আগে থেকেই রয়েছে !

আইডিয়া ঃ উন্নততর টেক্‌নিক + ইতিবাচক মনোভাব = 10% বেশী নম্বর !

কিন্তু আপনার উত্তর *'হ্যাঁ – না'* হলে আপনাকে অবশ্যই নিজের মনোভাবের প্রতি দৃষ্টি দিতে হবে। আপনি কেন হাত তুললেন না ?

আপনার হয়তো এমনটা মনে হতে পারে যে, বই-য়ের সামনে হাত তোলাটা মূর্খতার পরিচয়। হয়তো আপনার এমনটা মনে হতে পারে যে, এই প্রকার ছেলেমানুষি না করে আপনি বুদ্ধিমানের মত কাজ করেছেন। কিন্তু প্রিয় বুদ্ধিমান বন্ধু ! যাঁরা হাত তুলেছেন... তাঁদের এগিয়ে যাওয়ার সম্ভাবনা 20% বেশী।

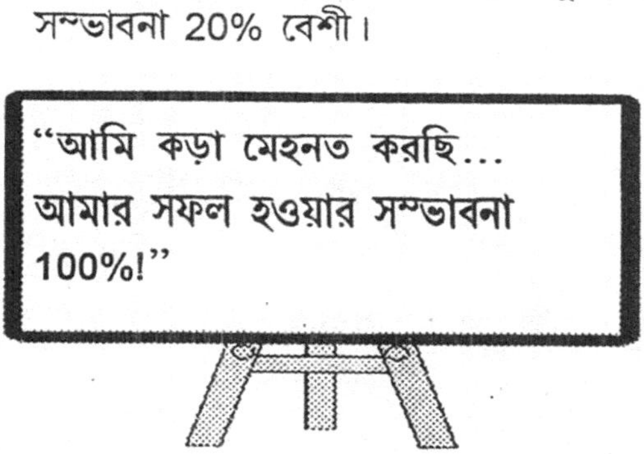

কেন, জানেন ?

যাঁদের মনে সফল হওয়ার গ্যারান্টি থাকা সত্ত্বেও হাত তোলেননি... তাঁরা সফলতার থেকেও সামাজিক ব্যবহারকে বেশী গুরুত্ব দেন !

এই ধরণের লোকেদের কখনোই মনোভাবের জন্য সমস্যায় পড়তে হয় না। তাঁদের মনে সন্দেহ জাগলে তাঁরা বোকার মত প্রশ্ন করতেও সংকোচ বোধ করেন না! যদি কোন তথ্য তাঁদের কাছে উপযোগী বলে মনে হয়... তাহলে তাঁরা সেটাকে গ্রহণ করতে সংকোচ করেন না! কিন্তু আপনারা হতাশ হবেন না... আপনার মনোভাবও এমনটা হতে পারে। কি ভাবে? চতুর্থ ধাপ দেখুন।

চতুর্থ ধাপ ঃ কি ভাবে মনোভাব পরিবর্তন করবেন?

এই ধাপটা খুবই গুরুত্বপূর্ণ... কারণ যদি সফলতাই আপনার লক্ষ্য হয়, তবে আপনাকে সামাজিক রীতি-নীতির পরোয়া না করে এগিয়ে চলতে হবে।

আপনি কি রাজী আছেন?

এখানে আপনার সমস্যার সমাধান মজুদ রয়েছে – একটা বড় কার্ডবোর্ডের *(2' x 1')* ওপর লিখুন।

এই কার্ডবোডটি আপনি বুলেটিন বোর্ডের ওপর টাঙ্গিয়ে দিন, যাতে সবাই সেটা দেখতে পায়।

প্রবৃত্তির সমস্যার সমাধান!

আসলে, মনোবৈজ্ঞানিক দিক থেকে আপনি নিজেই আপনার মস্তিস্ককে সব চেয়ে বেশী উৎসাহিত করতে পারেন! আপনি নিজেকে বলুন – *'আমি এই কাজটা করতে পারি!'* প্রিয় বন্ধু! অর্দ্ধেক যুদ্ধ আপনি এখানেই জিতে যাবেন। বাকী অর্দ্ধেকটা আপনার টেক্নিক এবং উন্নততর রূপে কাজ করার ওপর নির্ভর করছে!

❑

আমি করতে পারি ঃ

আপনি হেরে গেছেন ভাবলে
আপনি হেরে যাবেন!
আপনি সাহস জোটাতে না পারলে
আপনি কাজটা করতে পারবেন না!
আপনি জিততে চাইতেন... কিন্তু জিততে পারবেন না চিন্তা করলে আপনি জিততে পারবেন না।
আপনি হেরে যাবেন ভাবলে
আপনি হেরে যাবেন!
এই পৃথিবীতে সফলতার সাথে সংকল্পের এক গভীর সম্পর্ক আছে... কারণ সফলতার বীজ আমাদের মস্তিষ্কেই পোঁতা থাকে।
জীবনের এই যুদ্ধ সর্বদা দৃঢ় এবং মজবুত ব্যক্তিই জেতেন না!
শীঘ্র হোক বা পরে, তিনিই জেতেন... যিনি এমনটা মনে করেন যে, তিনি জিততে পারেন!

এ্যাকাডেমিক পরীক্ষা তন্ত্র

(Academic Exam System)

এখানে আমি এ্যাকাডেমিক পরীক্ষার সেই দিকটি নিয়ে আলোচনা করব, যা এ্যাকাডেমিক পরীক্ষার জন্য আলাদা হওয়ার সাথে-সাথে প্রস্তুতির ক্ষেত্রেও এক বিরাট পরিবর্তন আনতে পারে।

সর্বপ্রথম আমি এই তথ্যের দিকে আলোকপাত করতে চাইব, এ্যাকাডেমিক পরীক্ষায় এটা জানার চেষ্টা করা হয় যে, আপনি কতটা জানেন? আর প্রবেশ পরীক্ষায় এটা জানার চেষ্টা করা হয় যে, আপনি কি জানেন না? এর কারণ একেবারে পরিস্কার, এ্যাকাডেমিক পরীক্ষা এমন ছাত্র-ছাত্রী চায়... যাদের পাশের সম্ভাবনা বেশী থাকে!

দ্বিতীয়তঃ, এই পরীক্ষার দ্বারা ছাত্র-ছাত্রীদের মূল্যাঙ্কন করা হয়... এটা দেখা হয় যে, তারা পরের স্তরে যাওয়ার যোগ্য কি না? এক্ষেত্রে ছাত্র-ছাত্রীদের *'সাধারণ মানের চেয়ে কম'*, *'সাধারণ মান'*, *'সাধারণ মানের থেকে বেশী'* বা *'ভালো'* ইত্যাদি গ্রেডিং দেওয়া হয়। এই ভাবে ছাত্র-ছাত্রীদের বিস্তৃত শ্রেণী বিভাগই করা হয়। দুর্ভাগ্যবশতঃ ভারতের স্কুল, কলেজ আর বিশ্ববিদ্যালগুলোয় এ্যাডমিশনের জন্য এরই সাহায্য নেওয়া হয়ে থাকে। এই পরীক্ষার এক-একটি নম্বর আমাদের এ্যাডমিশনের ক্ষেত্রে প্রভাব ফেলে। শুধুমাত্র একটা-দুটো নম্বর জন্য আপনার পরিস্থিতিতে হাজার রকম পরিবর্তন আনতে পারে।

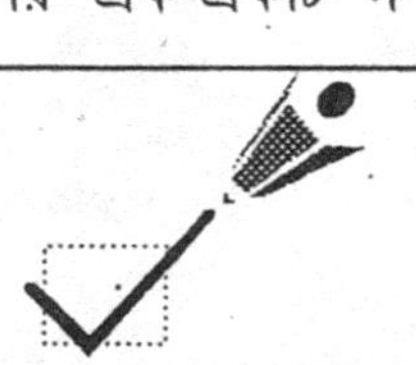
শৈক্ষিক পরীক্ষা ছাত্র-ছাত্রীদের বিস্তৃত শ্রেণীবিভাগ করতে পারে!

তৃতীয়তঃ, এই পরীক্ষা ইঁট রাখার *(Brick Laying)* পদ্ধতির ওপর ভিত্তি করে থাকে। এর অর্থ হল হচ্ছে এই যে, এক নম্বরের প্রশ্ন ছাড়া বাকী প্রশ্নগুলি এই ভাবে দেওয়া হয়, যেমন ভাবে

দেওয়ালে ইঁট সাজানো হয়। আপনাকে ভিত থেকে শুরু করে, সম্পূর্ণ তথ্য দ্বারা উত্তর দিতে হবে। এটা প্রবেশ পরীক্ষার মত হয় না। এখানে সমস্ত কিছু লিখলে আপনি নির্ধারিত নম্বর পাবেন। পরীক্ষকদের পরিচ্ছেদ অনুসারে নম্বর দেওয়ার নির্দেশ দেওয়া হয়, যেমন – ভৌতিক প্রশ্নের ফর্মূলার ক্ষেত্রে 2 নম্বর, গণনার 1 নম্বর এবং সঠিক উত্তরের জন্য 2 নম্বর। যদি সব উত্তর দিতে নাও পারেন... তাহলেও এমনিই ছেড়ে দেবেন না। কিছু-না-কিছু অবশ্যই লিখবেন...একটু হলেও নম্বর পাবেন। যে সমস্ত প্রশ্নের ক্ষেত্রে 1 নম্বর থাকবে, সেখানে এক পরিচ্ছেদে উত্তর দিন। সাধারণতঃ বেশীর ভাগ প্রশ্নে 3 বা 5 নম্বর থাকে।

এই পরীক্ষার নোট্‌সও স্বয়ং-সম্পূর্ণ হতে হবে। এটা অনেকটা ছবি আঁকার মত হয়। একে সম্পূর্ণ তো করতেই হবে। হাত বা পা আঁকতে না পারলে ছবিটা বেকার হয়ে যাবে। যদি কোন অতি সামান্য বিষয় লিখতে ভুলে যান... তাহলেও নম্বর কাটা যাবে। একটা উত্তরের দশম পয়েন্ট লিখতে না পারলেও, 5-য়ের মধ্যে 2 বা 2½ নম্বরই পাবেন। উত্তরটা সম্পূর্ণ হওয়া বাঞ্ছনীয়। আপনাকে একটু চিন্তা-ভাবনা করেই উত্তর দিতে হবে।

SUCCESS

পরীক্ষকদের পর্যায় অনুসারে নম্বর দেওয়ার নির্দেশ দেওয়া হয় – যেটুকু জানেন, লিখুন!

এই পরীক্ষার প্রস্তুতির জন্য, পাঠ্যবস্তুর একটা অংশ সম্পূর্ণ রূপে তৈরী থাকতে হবে। সম্পূর্ণ প্রস্তুতির পর সংক্ষিপ্ত নোট্‌স্ *(Skeleton Notes)* তৈরী করুন! তাতে যেন শীর্ষক, উপশীর্ষক এবং উপ-উপশীর্ষকই থাকে। তাহলে পরীক্ষার সময় কিছুই বাদ পড়ার সম্ভাবনা থাকবে না!

❑

এ্যাকাডেমিক পরীক্ষাকে বোঝা

(এটা প্রবেশ পরীক্ষার থেকে কতটা আলাদা ?)

প্রথম ধাপ ঃ এটা বুঝুন যে, কি পরীক্ষা করা হচ্ছে ?

পাঠ্যক্রম কম হওয়া সত্ত্বেও প্রবেশ আর এ্যাকাডেমিক পরীক্ষার মধ্যে যথেস্ট পার্থক্য থাকে।

এ্যাকাডেমিক পরীক্ষায় আপনার স্মৃতি এবং আপনার সামান্য প্রয়োগ পরীক্ষা করে দেখা হয়। প্রবেশ পরীক্ষায় আপনি কতটা জানেন, সেটাই পরীক্ষা করে দেখা হয়... যার জন্য বহু-বিকল্প প্রশ্নের সাহায্য নেওয়া হয়ে থাকে।

দ্বিতীয় ধাপ ঃ পরীক্ষায় কি চাইছে তা বোঝা *(Approach of the Exam)*

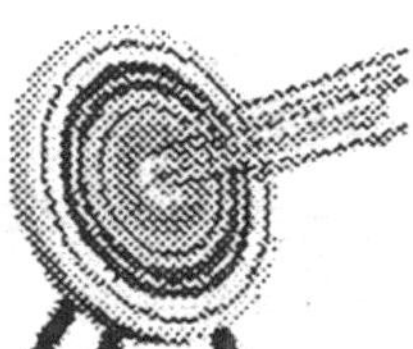

এ্যাকাডেমিক পরীক্ষায় ছবির প্রতিটা পক্ষ দেখার চেস্টা করা হয়; এটা সম্পূর্ণ পরীক্ষা হয়। আপনি এই ছবির মধ্যে যতটা মনে রাখতে পারেন, সেই অনুসারেই নম্বর পান। প্রবেশ পরীক্ষায় এটা দেখা হয় যে, আপনি ছবির কোন অঙ্গ বিশেষের ব্যাপারে সম্পূর্ণ তথ্য রাখেন কি না ? আপনি যদি সেই অংশ সম্পর্কে

LOOK

- **এ্যাকাডেমিক পরীক্ষা - সম্পূর্ণ রূপ *(Whole Picture)***
- **প্রবেশ পরীক্ষা - সংক্ষিপ্ত বিন্দুর জ্ঞান *(Pinpoint Precision)***

ওয়াকিবহাল হন... তবে এমনটা ধরে নেওয়া হয় যে, আপনি পুরো ছবির সম্পর্কে জানেন! এই প্রকারে আপনি পুরো নম্বরই প্রাপ্ত করেন!

তৃতীয় চরণ ঃ বহুবিকল্পীয় পরীক্ষার মূল ধারণা বোঝা *(Concept of MCQ Exam)*

তৃতীয় ধাপ ঃ (ক) মূল পার্থক্য

– *(Basic Difference)*

– এ্যাকাডেমিক পরীক্ষায় আপনি মূল ধারণাটি সম্পূর্ণ বুঝেছেন কি না এবং তা পুনর্নির্মাণ করতে পারছেন কি না... সেদিকে দৃষ্টি দেওয়া হয়। এক্ষেত্রে আপনাকে আপনার স্মৃতির সাহায্যেই সম্পূর্ণ উত্তর লিখতে হবে।

– বহুবিকল্পীয় পরীক্ষায় সমস্ত উত্তর আপনার চোখের সামনেই থাকে। আপনাকে শুধুমাত্র তা চিনে নিতে হবে।

এজন্যই দুটি পরীক্ষার প্রস্তুতির স্টাইলও আলাদা হয়!

উদাহরণস্বরূপ ঃ এই পৃষ্ঠায় দেওয়া মেয়েটির ছবিকেই উদাহরণ হিসেবে গ্রহণ করুন! এ্যাকাডেমিক পরীক্ষায় এই ছবি দেখিয়ে কি প্রশ্ন করা যেতে পারে? *'চিত্রের বর্ণনা করুন'* বা *'ছবিতে দেখানো সকল ফলের এক তালিকা প্রস্তুত করুন।'*

> idea **এ্যাকাডেমিক পরীক্ষা স্মৃতির ওপরে আধারিত হয়! প্রবেশ পরীক্ষায় এমন পরিস্থিতি দ্বারা জ্ঞানের পরীক্ষা করা হয়, যেটা আপনার সামনে আগে থাকে না!**

প্রবেশ পরীক্ষায় জিজ্ঞাসা করা হবে যে, মেয়েটির ডান হাতের নেল পালিশের রঙ কি? বিকল্প ঃ লাল, মেরুন, হলুদ বা কোনটাই নয়!

তৃতীয় ধাপ ঃ ধারণাগত পার্থক্য
(Conceptual Difference)

এ্যাকাডেমিক পরীক্ষায় অভ্যাসের মাধ্যমে বহু কিছু শিখে পরীক্ষা দেওয়া যেতে পারে। কিছু প্রশ্নের গ্রুপ আপনাকে সর্বদা মনে রাখতে হবে।

প্রবেশ পরীক্ষায় এমন পরিস্থিতি দ্বারা জ্ঞানের পরীক্ষা করা হয়, যেটা আপনার সামনে আগে থাকে না!

চতুর্থ ধাপ ঃ প্রশ্নের স্টাইল দেখুন ঃ

এই পার্থক্য বোঝার জন্য এ্যাকাডেমিক পরীক্ষার বিভিন্ন অঙ্গের দিকে চোখ দিতে হবে ঃ

A) **এ্যাকাডেমিক পরীক্ষা ঃ** এর চারটি অঙ্গ হয় ঃ

01. সব চেয়ে বড় অংশ হচ্ছে *'অতি গুরুত্বপূর্ণ অংশ' (Semi-Applied)* ! বেশীর ভাগ গুরুত্বপূর্ণ প্রশ্ন এতেই রাখা হয়। আপনার *'গ্যাস পেপার'* এবং *'শিয়োর শট্ প্রশ্ন'*-ও এই অংশের সাথেই যুক্ত থাকে।

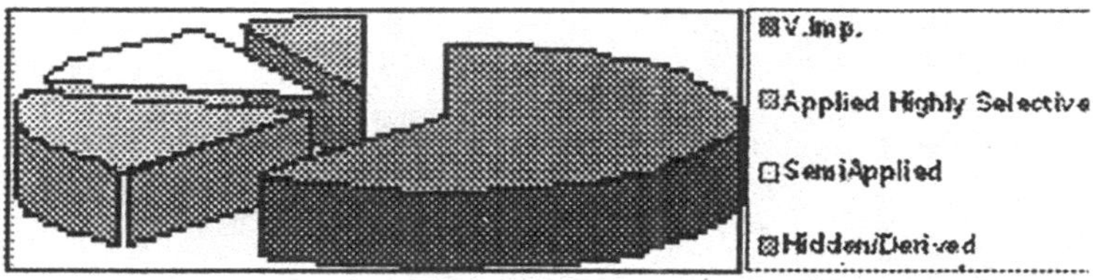

02. দ্বিতীয় সব থেকে বড় অংশ হচ্ছে 'অর্দ্ধ-প্রায়োগিক'! এই অংশে আপনাকে নিজের সৈদ্ধান্তিক জ্ঞানের সরাসরি প্রয়োগ করতে হয়। যেমনটা সরল গাণিতিক প্রশ্নের ক্ষেত্রে হয় – ফর্মূলা নির্দিষ্ট করো; মান লেখো এবং উত্তর বার করো।

> **SUCCESS**
> **'অতি গুরুত্বপূর্ণ অংশ' আর 'অর্দ্ধ-প্রায়োগিক অংশ' পরীক্ষা নির্ধারক কারকের রূপে এ্যাকাডেমিক পরীক্ষায় রাখা হয়।**

'অতি গুরুত্বপূর্ণ' এবং *'অর্দ্ধ প্রায়োগিক অংশ'*-ই পরীক্ষা নির্ধারণ কারক হয়।

03. তৃতীয় অংশ হচ্ছে *'প্রায়োগিক' (Applied)* অংশ... যেখানে আপনাকে নিজের জ্ঞান প্রয়োগ করতে হবে।

04. চতুর্থ অংশটি গোপন *(Hidden)* থাকে। এটি পাঠ্যপুস্তকের বাইরের বিষয়ও হতে পারে।

খ) এতে আমরা নিম্নলিখিত স্টাইল দেখতে পাই ঃ

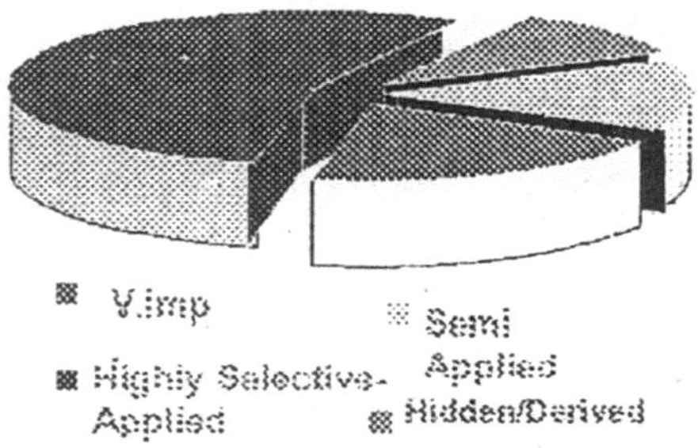

01. এতে অতি গুরুত্বপূর্ণ অংশ খুই ছোট হয়। বাকী অংশ মুখস্থ করতে হয়!

02. দ্বিতীয় অর্দ্ধ-প্রায়োগিক অংশও খুব কম থাকে। এতে শুধুমাত্র *'অতি সৃজনশীল প্রায়োগিক অংশ'*-ই প্রধান হয়!

03. এই অংশ থেকে আপনার জ্ঞান এবং সেটার প্রয়োগের ব্যাপারে জানতে পারা যায়!

04. শেষ অংশটি *'গোপন'* থাকে... যেটাকে ছাত্র-ছাত্রীরা *'সিলেবাসের বাইরে'* বলে থাকে! এটি পাঠ্যপুস্তকের বাইরে থেকে আসে! যেমন – এই বছরের গুরুত্বপূর্ণ বিষয় *'পালস্ পোলিয়ো কার্যক্রম'* হতে পারে।

পঞ্চম ধাপ ঃ নিষ্কর্ষ / অনুমান

এই দুটি পরীক্ষার মধ্যে এত পার্থক্য কেন হয়?

এর কারণ হল, এর কেন্দ্র এবং কার্যবিধির ক্ষেত্রে যথেস্ট পার্থক্য থাকে!

এ্যাকাডেমিক পরীক্ষায় আপনার মূল্যাঙ্কন করে এটা জানা হয় যে, আপনি কতটা এবং কি জানেন?

এ্যাকাডেমিক পরীক্ষায় যেমন আপনাকে পাশ করার প্রচেস্টা করতে হয়... অন্য দিকে প্রবেশ পরীক্ষায় বেশীর ভাগ জোর ফেল করার ওপরে থাকে!

অন্য দিকে প্রবেশ পরীক্ষায় আপনার দুর্বলতার সন্ধান করা হয়... যাতে আপনাকে সরিয়ে ফেলা যায়। সেখানে এটা দেখা হয় যে, আপনি কি জানেন না এবং আপনি কি প্রয়োগ করতে পারেন না?

এই জ্ঞানের সদ্ব্যবহার করেই আপনি সফলতা পেতে পারেন... কিন্তু সেটার জন্য কেবলমাত্র বেশী পরিশ্রমই করতে হয় না... বরং স্মার্ট পদ্ধতিতে পড়তেও হয়!

❑

এ্যাকাডেমিক পরীক্ষা এবং আপনার জবাবদেহী

বিভিন্ন অধ্যয়ণ থেকে এক অত্যন্ত রোচক তথ্য জানতে পারা গেছে যে, কেবলমাত্র কঠোর পরিশ্রমই সফলতা এনে দিতে পারে না। এমন বহু ছাত্র-ছাত্রী আছে... যারা সফলতা প্রাপ্ত করার জন্য কঠোর পরিশ্রম করেছে, কিন্তু আশাতীত সফলতা লাভ করতে পারেনি।

যেসব ছাত্র-ছাত্রী বেশী নম্বর পায়... তাদের মধ্যে এই সমানতা দেখতে পাওয়া গেছে যে, তারা কোথাও-না-কোথাও এমন এক টাইম টেবিল তৈরী করেছে, যার ফলে পড়াশোনা তাদের জীবনের এক অভিন্ন অংশ হয়ে উঠেছে... তারা নিজেদের জবাবদেহী দিয়েছে এবং নিজেদের উৎপাদকতা বৃদ্ধি করেছে। তারা কোন-না-কোন ভাবে লিখিত রূপে নিজেদের প্রদর্শনের সম্পূর্ণ বিবরণ রাখত। তাদের টাইম টেবিল উত্তরদায়িত্বে ভরপুর হয়ে ছিল।

প্রথম পর্যায় ঃ আমরা কেন ব্যর্থ হই?

এর জন্য দুটি বিপরীত কারক দায়ী হয় ঃ

প্রথম হচ্ছে *'আত্মবিশ্বাসের অভাব'*; এটাকে তো বুঝতে পারা যায়... কারণ যতক্ষন পর্যন্ত ছাত্র-ছাত্রীদের নিজেদের প্রদর্শনের ওপরে বিশ্বাস না হচ্ছে, তারা পরীক্ষায় ভালো প্রদর্শন করতে পারে না। বেশীর ভাগ ছাত্র-ছাত্রীদের মধ্যে প্রস্তুতির অভাব থাকার কারণেই এই বিশ্বাসের সৃষ্টি হয় না!

দ্বিতীয় কারক হচ্ছে *'প্রয়োজনের তুলনায় বেশী আত্মবিশ্বাসী হওয়া'*! এমনটা সেই সব ছাত্র-ছাত্রীদের পক্ষে আরও ভয়ংকর হয়ে ওঠে... যারা সত্যি-সত্যিই সফলতা পাওয়ার অধিকারী হয়! এর কারণ হল – আত্মসন্তুষ্টি! তারা ক্লাসের পরীক্ষায় ভালো নম্বর পেলেই সন্তুষ্ট হয়ে ওঠে... যখন কি বার্ষিক পরীক্ষা তখনও বেশ কয়েক মাস দূরে থাকে!

কেন? কারণ আমাদের মস্তিস্কে টেলিস্কোপের মত স্মৃতি থাকে; যেমন – আজকের কাজকে দু সপ্তাহ আগের কাজের তুলনায় বেশী বড় আর বিশেষ দেখায়! আপনি যদি আজ খুব ভালো করে পড়ে নেন,

> idea
> **আত্মবিশ্বাসের অতি বা অভাব – ব্যর্থতা**
> **সমাধান - উত্তরদায়ী ক্যালেণ্ডার**
> (Accountability Calender)

তাহলে এমনটা মনে হয় যে, প্রস্তুতি বেশ জোর কদমেই চলছে... কিন্তু আপনি এটা ভুলে যান যে, গত তিন দিনে আপনি কিছুই পড়তে পারেননি! তো সব মিলিয়ে, এই সপ্তাহের প্রদর্শন গড়পড়তাই রইল!

দ্বিতীয় পর্যায় ঃ টাইম টেবিল কি ভাবে তৈরী করা হয়?

এটিকে আমরা সফলতার রোড ম্যাপ বলতে পারি। এটা বলে দেয় যে, নির্দিষ্ট সময়ের মধ্যে কতটা পাঠ্যক্রম শেষ করতে হবে। এর দুটি ভাগ হয় – স্থূল এবং সূক্ষ্ম!

পর্যায় 2 (ক) ঃ স্থূল সময় সারণী (Macro-Scheduling)

এটা হল পুরো মাসের স্থূল শ্রেণী বিভাগ ঃ

(i) পরীক্ষার আর যত মাস দেরী আছে, সেই মাসগুলোর ডেটওয়াইজ ক্যালেণ্ডার বানান।

(ii) সম্পূর্ণ কোর্সের তালিকা বানান।

(iii) এটা ঠিক করে নিন যে, কোন্ তারিখে কোন্ অধ্যায় পড়বেন।

এই ভাবে আপনি বুঝতে পারবেন যে, কোন্ তারিখ পর্যন্ত কতটা কাজ শেষ করতে হবে; যেমন – 02-রা ডিসেম্বর, আমি *'হিট'*-য়ের অর্দ্ধেক অধ্যায় শেষ করব; 03-রা ডিসেম্বর বাকী অধ্যায় শেষ করব আর 04-ঠা ডিসেম্বর সেটার প্রশ্নোত্তর পড়ব!

পর্যায় 2 (খ) ঃ সূক্ষ্ম সময় সারণী (Micro-Scheduling) : এতে প্রতি দিনের টাইম টেবিল

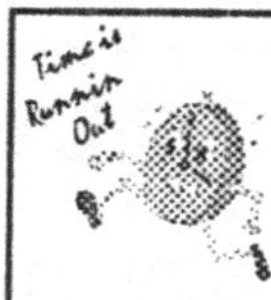

> **টাইম টেবিল**
> **গোটা মাসের টাইম টেবিল**
> **কোন্ তারিখে কি পড়তে হবে?**

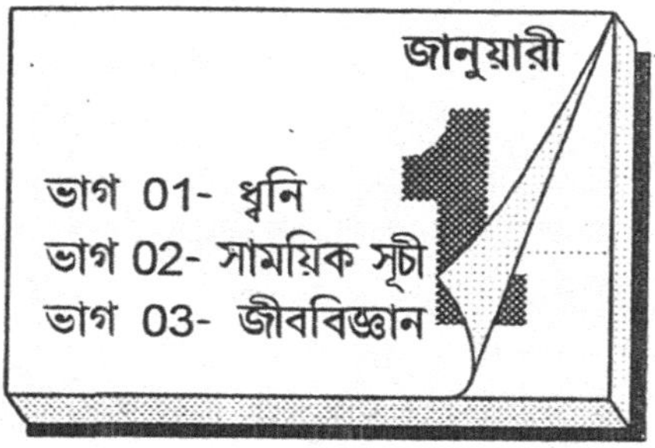

বানানো হয় এবং এটা ঠিক করা হয় যে, কোন্ নির্দিষ্ট দিনে আমরা কতটা কাজ করব?

01) সবার প্রথমে এটা ঠিক করুন যে, আপনি নিজের প্রয়োজন ও ক্ষমতানুসারে এক দিনে কত বার পড়তে বসবেন?

বৈজ্ঞানিক রূপে দেখলে দেখতে পাওয়া যাবে যে, একটা সীটিং

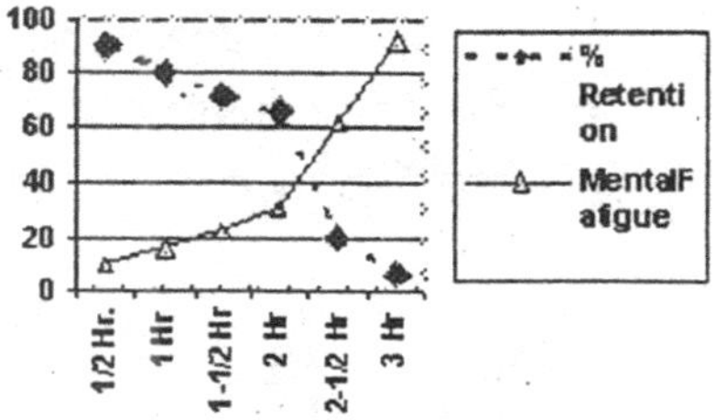

(Session) দুই থেকে তিন ঘন্টার বেশী হতে পারে না। এই দুই ঘন্টার মধ্যেও দশ মিনিটের ব্রেক থাকতে হবে। একটা সীটিং *(Session)*-য়ের পর কম পক্ষে আধ ঘন্টার ব্রেক চাই... তবেই আপনার মস্তিষ্ক সতেজ থাকবে!

এটা অত্যন্ত গুরুত্বপূর্ণ হয়... কারণ লাগাতার পড়তে থাকলে মস্তিস্কের ধারণ ক্ষমতা কমতে থাকে। দেড় থেকে দু ঘন্টা বাদে পড়া মনে রাখার ক্ষমতাও কমতে থাকে।

02) এটা ঠিক করে নিন যে, আপনি কোন্ সীটিং-য়ে কোন্ বিষয় পড়বেন? ইচ্ছা করলে আপনি সেটা আগের দিন রাতে ঘুমোনোর আগে ঠিক করে নিতে পারেন এবং সাপ্তাহিক রূপেও ঠিক করে নিতে পারেন।

03) যদি স্থূল টাইম টেবিলের সম্পূর্ণ লাভ ওঠাতে চান... তাহলে উত্তরদায়ী ক্যালেণ্ডার *(Accountability Calender)* বানান! এতে আমরা দৈনিক প্রদর্শনের ডিটেল রাখতে পারি। এটা রাতে ঘুমোনোর আগে ঠিক করে নিন।

SUCCESS

সফলতা – সূক্ষ্ম টাইম টেবিল – দৈনিক টাইম টেবিল (কোন্ সময় কি করতে হবে?)

গুরুত্ব : এই ক্যালেণ্ডার শুধুমাত্র আমাদের দেখার জন্য হয়... যাতে আমরা নিজেদের ব্যাপারে জানতে পারি! আপনি নিজের দৈনিক প্রদর্শনে যতটা খুশ্রী হবেন, সেই অনুসারে ভালো / মন্দ / সাধারণে টিক দিন। আপনি যদি 3 সীটিং-য়ে পড়বেন বলে ঠিক করে থাকেন এবং যদি তা সম্পূর্ণ করতে পারেন... তবে *'ভালো'*-তে টিক্ দিন। যদি 1-য়ের থেকে কম হয়, তবে খারাপ। ভালো / মন্দ / সাধারণ – কাকে মানবেন... সেটা আগে থেকে ঠিক করে ক্যালেণ্ডারে লিখুন!

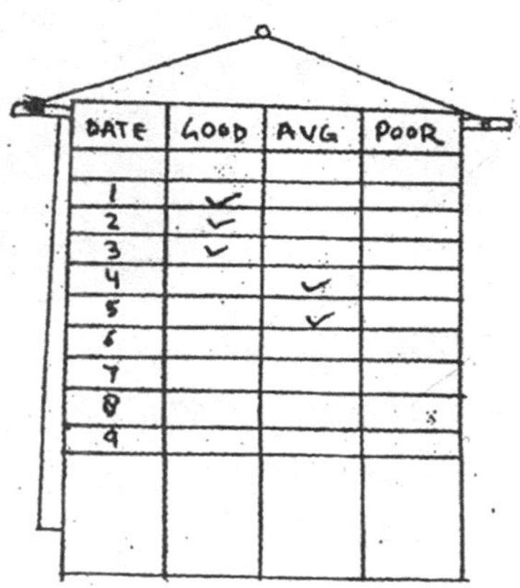

IMPORTANT!

Accountability Calender আপনি বাস্তবে কি পেলেন?

04) শাস্তি এবং পুরস্কারের ব্যবস্থা রাখবেন। যদি পর-পর তিন দিন ভালোতে টিক্ দেন, তবে তার

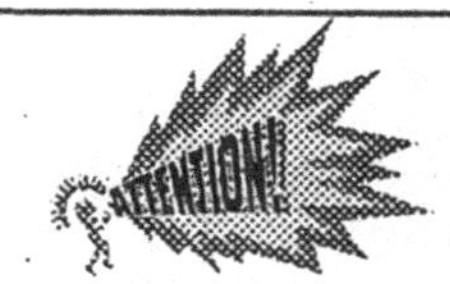

উত্তরদায়ী ক্যালেণ্ডার প্রদর্শন অনুসারে পুরস্কার আর শাস্তি!

জন্য পুরস্কার থাকা আবশ্যক। তাও আগে থেকেই ঠিক করে নিন – *"আমি পিজ্জা, চকোলেট বা মুভীর পার্টি নেব!"* যদি মাসে সেটা 7-8 বার হয়... তবে এমনটা মনে করবেন যে, সফলতা আপনার খুব কাছেই আছে।

যদি তিন বার *'খারাপ'* টিক্ পড়ে... তবে নিজেকে শাস্তি দেওয়ার জন্য প্রস্তুত হয়ে যান। এর অর্থ হল, আপনি পড়াশোনার দিকে নজর দিচ্ছেন না। আপনার শাস্তি হল –

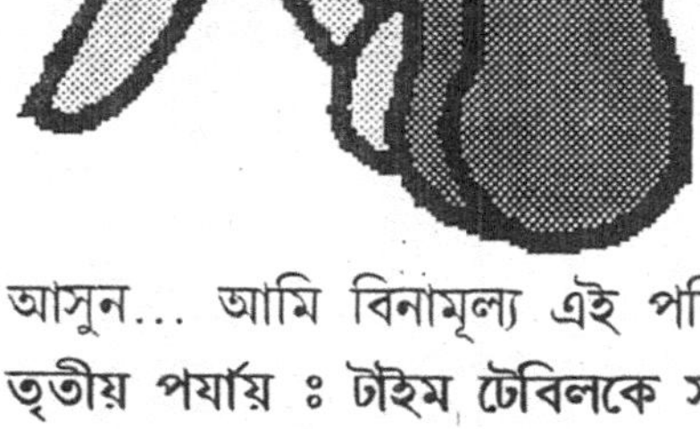

আপনি পুরো সপ্তাহ গান শুনবেন না বা টি.ভি. দেখবেন না। হয়তো এতেই আপনার চোখ খুলে যাবে... তা না হলে নিজেকেই নিজে চড় মারুন। যদি নিজে না মারতে পারেন, তবে আমার কাছে আসুন... আমি বিনামূল্য এই পরিষেবা দিতে রাজী আছি।

তৃতীয় পর্যায় ঃ টাইম টেবিলকে সফল করে তোলার টিপস্

01. এটিকে কিছুটা বাস্তবিক রাখুন। অসম্ভব টাইম টেবিল আপনাকে হতাশা ছাড়া কিছুই দেবে না।

02. পরীক্ষার আগে দু বার রিভিশানের জন্য পর্যাপ্ত সময় হাতে রাখবেন।

03. যদি কোন প্রশ্ন বা অধ্যায় নির্ধারিত সময়ের মধ্যে সম্পূর্ণ না হয়... তবে তার জন্য অতিরিক্ত সময় রাখুন।

04. টাইম টেবিলের আরম্ভিক অংশ যেন হাল্কা হয়। লক্ষ্য পর্যন্ত পৌঁছতে-পৌঁছতে গতি বৃদ্ধি করে দিন। প্রথম দিকে সামান্য কিছুটা কোর্স সম্পূর্ণ করতে পারলেই যে সন্তুষ্টি পাবেন... সেটা পরবর্তী সময়ের জন্য প্রেরণার কাজ করবে।

05. যে বিষয়ে আপনি দুর্বল, তার জন্য বেশী সময় দিন। আমরা নিজেদের পছন্দের বিষয়ের জন্যই বেশী সময় দেওয়ার কারণে সেটা আরও দৃঢ় হয়ে যায়। যে বিষয়ে দুর্বল, সেটার অবস্থা একই রকম থেকে যায়।

06. ক্যালেণ্ডারে উল্লেখিত উপহার / শাস্তিরও সম্পূর্ণ রূপে পালন করুন।

❑

পরীক্ষায় সফলতার জন্য নোটস্

এক বার আমি এক মেডিক্যাল ছাত্রীর নোটস্ পড়ার সুযোগ পেয়েছিলাম। সে মাথার খুলি সম্পর্কে লিখেছিল ঃ

"মাথার খুলি গোলাকার হয়... সেটা বেশ কিছু হাড় মিলে তৈরী হয় *(বাহ... আমি তো জানতামই না)*! তারপর সে লেখে – *"খুলির ওপরে চামড়ার পর্দা থাকে (বাহ... কি গবেষণা)... যার ওপরে চুল গজায়!"* কি ভালোই না লিখেছে.... কিন্তু এই ভাবে সে কোন্ প্রশ্নের উত্তর তৈরী করছে! আমার তো দুটি প্রশ্নের কথা মাথায় আসে –

> **IMPORTANT!**
>
> **উত্তরের সকল পক্ষ সম্পূর্ণ হওয়া উচিত!**

01. কেজি ক্লাসে খুলি সম্পর্কে কিছু জানান!

বাস্তবিকতা হচ্ছে এটা যে, প্রাথমিক স্তর থেকেই আপনার নোট্‌সের প্রস্তুতি অত্যন্ত গুরুত্বপূর্ণ হয়ে দাঁড়ায়। এই প্রতিযোগিতাপূলক যুগে এক নম্বর বেশী পাওয়ার জন্য পরিশ্রম করতে হয়... তাই প্রস্তুতির শুরুর থেকেই নোট্‌সের দিকে নজর দিন। এই কারণে সফলতা / ব্যর্থতার মধ্যে এক বিরাট পার্থক্যের সৃষ্টি হয়। আপনাকে বৈজ্ঞানিক প্রক্রিয়ার নোটস্ বানাতে শিখতে হবে!

প্রথম পর্যায় ঃ নিজের এ্যাকাডেমিক পরীক্ষার প্রয়োজন বুঝুন ঃ 3 থেকে 10 নম্বরের প্রশ্নের উত্তর দেওয়ার ক্ষেত্রে এমনটা মনে করবেন, যেন আপনি কোন ছবি আঁকছেন। উত্তর স্বয়ংসম্পূর্ণ হওয়া উচিত। ছবির কোন অংশ যদি অসম্পূর্ণ থেকে যায়, তবে সেটা দেখতে খুবই খারাপ

লাগবে... তেমনি নম্বরও অসম্পূর্ণই আসবে। এই সব উত্তর এমন ভাবে দিতে হবে... যাতে এমনটা মনে হয় যে, আপনি একটার-পর-একটা ইঁট সাজিয়ে দেওয়াল্ দাঁড় করিয়েছেন!

দ্বিতীয় পর্যায় ঃ বিভিন্ন প্রকারের পাঠ্য সামগ্রী পড়বেন না ঃ

– আপনার কাছে কত পাঠ্য সামগ্রী আছে ?

* আপনার সি.বি.এস.ই. পাঠ্যপুস্তক
* প্রধান পাঠ্যপুস্তক
* কোন গাইড বুক
* কোচিং সেন্টারের নোট্স

এসব তো হচ্ছে এমন, যেন আপনি অনেকগুলি টুপি এক সাথে মাথায় পরে রেখেছেন। বিভিন্ন উৎস থেকে প্রাপ্ত পাঠ্য সামগ্রী আপনার মস্তিষ্ককে বিভ্রান্ত করে দেয়। উত্তর মনে রাখার জন্য আপনার মস্তিস্কে তার একটা স্পষ্ট ছাপ থাকা বাঞ্ছনীয়। আমরা, মনোবিজ্ঞানীরা একে *'উত্তরের মানসিক ম্যাপিং'* বলে থাকি। পাঠ্য সামগ্রী বার-বার পড়তে থাকলে বা দেখতে থাকলে একটা মানসিক চিত্র তৈরী হয়!

একই বিষয়ের জন্য বিভিন্ন উৎস – পরীক্ষার সময় মনে রাখা কঠিন!

আমাদের অধ্যয়ণ থেকে এটা জানতে পারা গেছে যে, ছাত্র-ছাত্রীরা বিভিন্ন উৎস থেকে এক পাঠ্য সামগ্রী পড়তে 33% সময় নষ্ট করে ফেলে!

সমাধান ঃ-

A) **ফাইনাল নোটস্ ঃ** বিভিন্ন উৎস থেকে পড়ার পরে ফাইনাল নোটস্ তৈরী হয়... যাতে পরীক্ষার আগে শুধু সেটাই পড়া যায়।

আপনার পরের বছর পরীক্ষা দেওয়ার প্ল্যান থাকলে এই প্রক্রিয়া এই বছরেই শুরু করে দিন। পরীক্ষার আর কত দিন বাকী আছে... সেটা অত্যন্ত গুরুত্বপূর্ণ হয়! যার নোটস সম্পূর্ণ রূপে তৈরী থাকবে, সময় তার সাথে থাকবে।

নোটস্ প্রভাবশালী করে তোলার জন্য নীচের নিয়মগুলোর পালন করতে হবে –

i. ফাইনাল নোট্সের অর্থ এটা হয় না

যে, সেটা দেখতে খুব সুন্দর হবে... সেটা শুধু সুব্যবস্থিত হওয়া উচিত। সেটাকে সাজানোর কাজে সময় নষ্ট করবেন না।

ii. পুরো বাক্য লেখার পরিবর্তে শর্টকাট গ্রহণ করুন; যেমন – ইংরাজীতে ভাওয়েল না লিখে এস.এম.এস.-য়ের মতন নোট্স্ বানান। 'You'-য়ের পরিবর্তে 'U', 'Read'-য়ের পরিবর্তে 'RD' এবং 'Success'-য়ের পরিবর্তে 'Sucs' লিখুন।

iii. অর্দ্ধেক শব্দ লিখে কাজ চালান – Representative (Rep.), Address (Add.), Biology (Bio.), Correspondence (Corr.)

iv. কোন নোট্সে যদি কোন শব্দ বার-বার আসে, তবে তার জন্য একটা সংকেত ঠিক করে নিন; যেমন – 'arthropoda' শব্দের জন্য @ সংকেত নির্দিষ্ট করুন। যেখানেই এই শব্দ লিখতে হবে, সেখানেই সংকেত দিয়ে দিন বা 'chromosome' লেখার পরিবর্তে একটা গোলের মধ্যে 'c' লিখুন!

শব্দের পরিবর্তে সংকেত / প্রতীক বানান।

যেমন – উর্দ্ধগামী তীর *(বৃদ্ধি পাওয়া)*, নিম্নগামী তীর *(কমে আসা)*!

with-য়ের জন্য (w), without-য়ের জন্য w-o

therefore, because

SOLUTION সংকেত-চিহ্ন আর শর্ট কাট – অব্যবস্থিত করা – ফ্রী নোট্স – মস্তিষ্কের ধারণ ক্ষমতার সংশোধন করা!

v. নোট্সের অর্থ এটা হয় না যে, আপনি অল্প জায়গার মধ্যে প্রচুর জিনিস ঠুসে দেবেন। সমস্ত নতুন তথ্য, নতুন লাইনে শুরু করুন... যাতে সহজেই বোঝা যায়। পরিস্কার ভাবে লিখলে মস্তিস্কও সহজেই সেটা বুঝতে পারবে।

vi. নোট্সে সেই সব তথ্য লিখবেন না, যেগুলো আপনি আগে থেকেই ভালো করে জানেন।

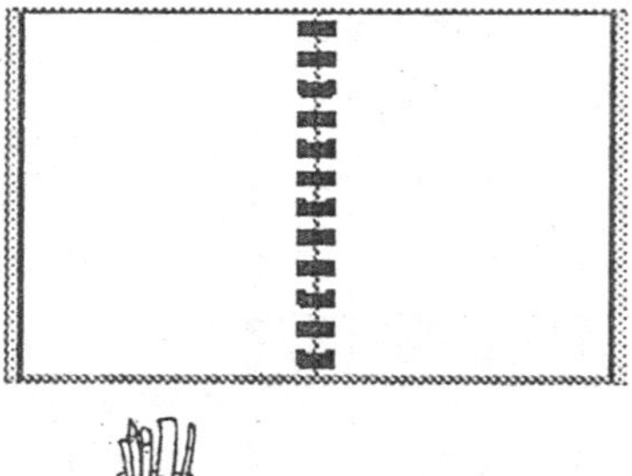

পৃষ্ঠার মাঝে অতিরিক্ত কিছু লেখার জন্য জায়গা রাখবেন। পৃষ্ঠার বাঁ দিকের অংশ খালি রাখবেন।

ফাইনাল নোট্স্ তৈরীর উপায়

(ক) এমন ফাইল নিন... যাতে শীট রাখতে বা বার করতে সুবিধা হয়।

(খ) দুই রং-য়ের পেন ব্যবহার করুন।

(গ) পড়তে বসার আগে পেন, পেন্সিল আর রাবার নিজের কাছে রাখুন।

(ঘ) আপনার মস্তিস্ক যেন তরোতাজা থাকে। ক্লান্ত, উদাস মস্তিস্কে কাজ শুরু করবেন না।

> SOLUTION প্রতিটি বিষয়ের উৎস *(নোটস্, পুস্তক, গাইড)* বেছে নিন আর সেটা *(সোর্স অর্গানাইজার)*-তে লিখুন!

এই সব কিছু তখনই সম্ভব হতে পারবে, যখন আপনি এই কাজ অনেক আগে থেকে শুরু করে দেবেন। কয়েক মাসের মধ্যে এই কাজ সম্পূর্ণ করা সম্ভব নয়।

খ) সোর্স অর্গানাইজার *(Source Organizer)* ঃ এটা এক প্রকারের ডায়রী হয়... যাতে আপনি এটা লিখবেন যে, কোন্ বিষয়, কোন্ পাঠ্য সামগ্রী থেকে পড়বেন।

খ (i) আপনার সমস্ত বই আর খাতায় বিষয়ের লেবেল লাগান; যেমন – কেমিস্ট্রীতে C-I, C-II ইত্যাতি।

খ (ii) খাতার সব পৃষ্ঠায় নাম্বারিং করুন।

খ (iii) এটা ঠিক করুন যে, কোন্ উৎস থেকে কোন্ বিষয় পড়বেন; যেমন – কেমিক্যাল বণ্ডিং (CN-2, পৃষ্ঠা 23 থেকে 26) থেকে পড়তে হবে।

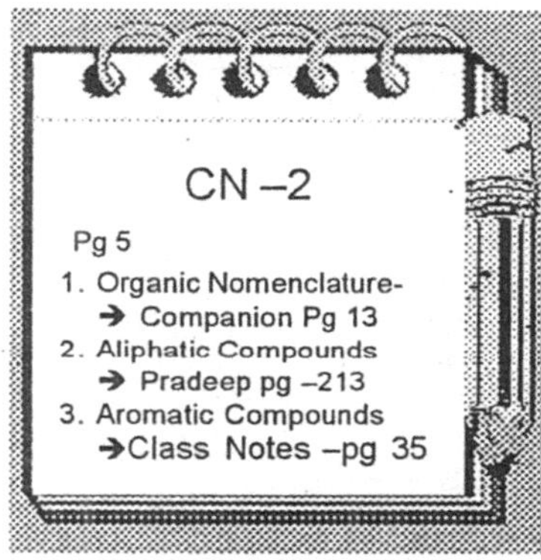

গ) ক্র্যামিং ব্লাস্টার *(Cramming Blaster)* ঃ এই মুখস্হ করার সামগ্রী আপনি মুখস্হ না করেই করতে পারেন।

> কার্ডকে এক ফোল্ডারে লাগিয়ে নিজের সামনে রাখুন!

গ (i) পোস্ট কার্ড সাইজের হলুদ কার্ড নিন। যে ফর্মূলা বা সমীকরণ আপনি মনে রাখতে চান, সেটা লিখুন।

গ (ii) ফোল্ডারের মতন কোন জিনিষ নিন।

সেটা আপনার ড্রইং ফাইলের হার্ড কভারও হতে পারে।

গ (iii) এই ফোল্ডারে 8 থেকে 12-টি কার্ড আঠা দিয়ে লাগান এবং ফর্মূলা লিখুন।

এটিকে স্টাডি টেবিলে রাখুন, যাতে উঠতে-বসতে সেটার ওপরে আপনার চোখ যায়। এই ভাবে এটি আপনার দীর্ঘকালীন স্মৃতিতে বসে যাবে।

গ (iv) বিশেষ সূত্র শব্দগুলো হলুদ কার্ডের ওপরে লাল রং দিয়ে লিখুন... কারণ হলুদের ওপর লাল রং খুব সহজেই চোখে পড়ে এবং সহজেই মনে থাকে *(এজন্যই বেশীর ভাগ বিজ্ঞাপন এই ভাবেই দেওয়া হয়)*!

❑

এ্যাকাডেমিক পরীক্ষায় লেখন

"একজন ছাত্র তিন বছর ধরে প্রস্তুতি নেয়; 3 ঘন্টায় পরীক্ষা দেয় এবং পরীক্ষক 3 মিনিটে তাকে পরীক্ষা করেন!"

- ডঃ রাজেন্দ্র প্রসাদ

অধ্যয়ণ করার সময় আমি একটি মেয়ের ইন্টারভিউ নিয়ে তাকে প্রশ্ন করেছিলাম – *"পরীক্ষার মানে কি ?"* সে উত্তর দিয়েছিল – *"আমাদের মাথা ঘোরানো এবং আমাদের ভয় দেখানো, আর কি ?"*

আসলে আমি তাকে জিজ্ঞাসা করতে চেয়েছিলাম যে, পরীক্ষা ঠিক কোন্ উদ্দেশ্যে নেওয়া হয় ? আসলে পরীক্ষা ছাত্র-ছাত্রীরা ভালো, মন্দ... না কি সাধারণ – সেটা দেখার জন্যই নেওয়া হয়ে থাকে। দুর্ভাগ্যবশতঃ এর ভিত্তিতেই ভারতের ছাত্র-ছাত্রীদের র‍্যাঙ্কিং ঠিক করা হয়! চয়ন প্রক্রিয়ার জন্য এটি একেবারেই অনুপযুক্ত হয়। এই ধরণের পরীক্ষা তো 76% এবং 78%-য়ের মধ্যে পার্থক্য করতে পারে না... তাহলে 77.4% এবং 77.5%-য়ের মধ্যে পার্থক্য কি করে করবে ? !

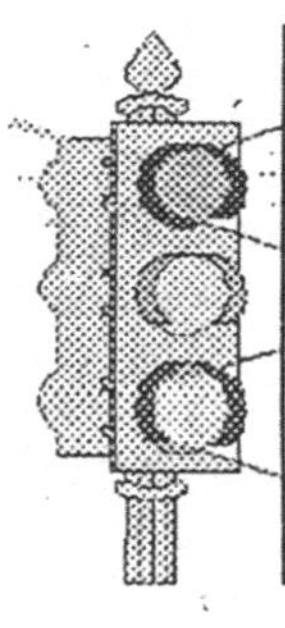

আপনার এ্যাডমিশন 0 - 1% নম্বরের ওপরে নির্ভর করতে পারে... কিন্তু এই পরীক্ষা তো 80% থেকে 85% মাঝের পার্থক্যও করতে পারে না!

দুর্ভাগ্যবশতঃ এই পরীক্ষার উপরেই নির্ভর করেই বেশীর ভাগ কলেজে ভর্তি নেওয়া হয়! আমাদের এই তন্ত্রের অংশ হয়ে উঠতে হবে এবং আপনার পেপারের শেষ নম্বরটা পর্যন্ত আপনাকে নিংড়ে নিতে হবে। আপনাকে শুধু এটারই প্রদর্শন করতে হবে না যে, আপনি

কি জানেন... বরং আপনাকে নিজের প্রদর্শনের টেক্‌নিক দ্বারা পরীক্ষকদের প্রভাবিত করে নম্বরও বাড়াতে হবে! এর দ্বারা আপনি 10% বেশী নম্বর পেতে পারেন। এর জন্য আমাদের এটা দেখতে হবে যে, পরীক্ষক ঠিক কি চান ?

প্রথম পর্যায় ঃ পরীক্ষক ঠিক কি চান ?

পরীক্ষক বসের সমতুল্য হন! এই ব্যাপারে ডাঃ প্রসাদ যা বলেছেন... আমিও আপনাদের সেই কথাই বলব এবং আপনার ভর্তি শুধুমাত্র 0.1% নম্বরের ওপরেই নির্ভর করবে। সত্যি বলতে কি, বেশ কিছু পেপার তো পুরো 3 মিনিট সময়ও পায় না। অনেক পরীক্ষকই স্বীকার করেছেন যে, যদি তাঁদের লেট হয়ে যায় বা যদি খাতা দেখার চাপ অনেক বেশী থাকে... তাহলে তাঁরা নিজেদের স্পীড বাড়িয়ে দেন!

এর ফলে যেমন অনেক ভুল চোখে পড়ে না... তেমনি অনেক ভালো প্রদর্শনও অতি সাধারণ নম্বরই পায়! প্রত্যেক পরীক্ষকের ক্ষেত্রেই খাতা দেখার সময় 5% থেকে 10% নম্বরের পার্থক্য থেকেই যায়।

যাই হোক, পরীক্ষক নিজের পত্নীর সাথে ঝগড়া করার পর আপনার খাতা দেখলে আপনাকে এতেই সন্তুস্ট থাকতে হবে... কারণ রি-চেকিং করালেও শুধুমাত্র আপনার নম্বরের টোটাল ঠিক আছে কি না... সেটাই দেখা হবে এবং তাতে তেমন একটা কিছু পরিবর্তন আসবে না!

এখানে বোর্ড পরীক্ষক আপনাকে চেনেন-ও না! তাই তিনি জানেন না যে, এটা কোন বুদ্ধিমান ছাত্রের খাতা, না কি বোকা ছাত্রের! এটা হচ্ছে আপনার পেপারের সাথে পরীক্ষকের *'ব্লাইণ্ড ডেট'*! এখানে আপনাকে নিজের সকল বিশেষত্ব / গুণ ফুটিয়ে তুলতে হবে! *'ব্লাইণ্ড ডেট'*-তে আপনি কি করেন ? আপনারা নিজেদের স্মার্ট, বিচক্ষণতা, ব্যবস্হিত, জ্ঞানপূর্ণ, খুবই বুদ্ধিমান দেখানোর চেস্টা করেন!

ঠিক আছে ?

এখানেও আপনাকে এসব কিছুই করতে হবে! আপনার প্রদর্শন যেন অত্যন্ত ভালো হয়!

> idea
> **কল্পনা করুন –**
> **আপনার 3 বছরের**
> **অধ্যয়ণকে মাত্র 3 মিনিটে**
> **পরীক্ষা করা হবে!**

এটা হচ্ছে পরীক্ষকের সাথে আপনার পেপারের *'ব্লাইণ্ড ডেট'*... তাঁকে দু মিনিটের মধ্যে প্রভাবিত করতে হবে!

তার জন্য আপনার পেপারের প্রদর্শন ঃ

idea **কল্পনা করুন – পরীক্ষকের সাথে আপনার পেপারের 'ব্লাইণ্ড ডেট' চলছে ! আপনাকে তাঁকে 2 মিনিটের ভেতরে প্রভাবিত করতে হবে !**

পর্যায় 2 (ক) ঃ *(পরিস্কার-পরিচ্ছন্নতা)* কোন রকম কাটাকাটি না থাকাই ভালো এবং হাতের লেখা যেন সুন্দর হয়। কাটাকাটি থাকলে মনে হবে, আপনি উত্তর ঠিক মত জানেন না।

পর্যায় 2 (খ) ঃ আপনাকে অত্যন্ত অল্প সময়ের মধ্যে পরীক্ষকের মনোযোগ আকৃষ্ট করতে হবে। আপনার পেপার যেন সাধারণ মনে না হয়। মেক্-আপের দ্বারাই কারো মনোযোগ আকৃষ্ট করা হয়... আপনিও সেটাই করুন। পৃষ্ঠার দু দিকে মার্জিন রাখবেন।

I. **HEADING**
- a. Subheading-1
- b. Subheading-2
  - i) Sub-sub heading-1
  - ii) Sub-sub heading-2
  - iii) Sub-sub heading-3
    - Major points
    - Major points
      - Fact 1
      - Fact 2
      - Fact 3

পর্যায় 2 (গ) ঃ একে Kiss করুন। আরে বোকা ! এটা সেই Kiss নয়... এর অর্থ হল Keep It Short Students!

বেশীর ভাগ পরীক্ষক পোপের বক্তব্যের সাথে একমত হন –

"words are like leves
where they most around
much fruit of sense sencity
is r
found!"

কয়েক বছর আগে যখন সি.বি.এস.ই. বোর্ড টপারের উত্তর পত্র দেখায়, তখন বেশীর ভাগ ছাত্র অবাক হয়ে যায় – *"হে ভগবান! টপ করার জন্য এইটুকু লিখতে হয়!"*

পর্যায় 2 (ঘ) ঃ উত্তর ক্রমানুসারে লিখুন ঃ

বোর্ড নিজের পরীক্ষকদের পেপার পরীক্ষা করে দেখার নির্দেশ দেয়। যেমন একটা উত্তরের জন্য

i) ফর্মূলা (1 নম্বর)
ii) সঠিক মান (2 নম্বর)
iii) গণনা (2 নম্বর)
iv) সঠিক উত্তর (1 নম্বর)

বোর্ড প্রত্যেকটা পেপারের উত্তর ক্রমানুসারে পরীক্ষা করার নির্দেশ দেয় – প্রত্যেকটা পর্যায় অত্যন্ত গুরুত্বপূর্ণ হয়।

পর্যায় 2 (ঙ) ঃ বিশেষ করে নিবন্ধমূলক প্রশ্নের ক্ষেত্রে সম্পূর্ণ উত্তর লিখতেই হবে। এটা ছবি আঁকার মত হয়। একটা সুন্দর ছবিতে যদি হাত-পা না থাকে... তাহলে সেটা দেখতে কেমন লাগবে ?

SUCCESS

উত্তর পুস্তিকা এমন হওয়া উচিত ঃ

- *স্মার্ট*
- *পরিস্কার-পরিচ্ছন্ন*
- *ব্যবস্থিত*
- *মনোযোগ আকৃষ্ট করার মত*
- *পূর্ণ রূপে উদ্‌ঘাটিত*
- *সম্পূর্ণ সাজসজ্জার সাথে*
- *KISS*

সমস্ত প্রাসঙ্গিক বিন্দুগুলি যুক্ত করে একটা ছাঁচের মতন বানিয়ে নিন।

i) পরিচয় – প্রস্তুতি, গুণ
ii) থিয়োরী
iii) বিবেচনা
iv) নতুন সিদ্ধান্ত
v) সারমর্ম

বোর্ড আপনাকে আভ্যন্তরীণ বিস্তারের সাথে এটা জানায় যে, উত্তরের মূল্যাংকন করতে হয় – প্রতিটি পর্যায় গোনা হয়।

তৃতীয় ধাপ ঃ নম্বর বৃদ্ধি বাড়ানোর জন্য কিছু টিপস্

এই সমস্ত টিপস্ পরীক্ষকদের দ্বারাও স্বীকৃত !

01. সমস্ত প্রশ্নের উত্তর দিন। ধরুন, একটা প্রশ্নের উত্তর আপনি খুব ভালো করে লিখলেন এবং একটা লিখতে পারলেন না... তাহলে সেই ফাঁক কখনই পূর্ণ হবে না। যেমন – একটা ভালো

$$80+40/2 > 90/2$$

উত্তর + ছাড়া উত্তর = 90 + 0/2 = 45 নম্বর ! অন্য দিকে, যদি কোন প্রশ্নের কিছুটা সময় অন্য কোন প্রশ্ন পেয়ে যায়... তবে আপনি পাবেন 80 + 40/2 = 60 নম্বর।

02. সমস্ত প্রশ্নের হেডিং দিন। হেড়িং-য়ের জন্য আলাদা করে নম্বর পেলেও পেতে পারেন।

03. একটা ডুপ্লিকেট আণ্ডারলাইনার রাখুন... যাতে দু রং-য়ে লাইন টানতে সময় নষ্ট না হয়।

04. প্রত্যেক উত্তরের শেষে, বিশেষ শব্দগুলির নীচে পেন্সিল দিয়ে লাইন টানুন।

05. পেপার দিতে গিয়ে ভগবানকে ডাকবেন না। যে কোন রকম ধার্মিক চিহ্নই প্রমাণ করে যে, ছাত্রের মধ্যে আত্মবিশ্বাসের অভাব আছে! এতে পরীক্ষক মনক্ষুন্ন হতে পারেন!

❑

পরীক্ষার প্রস্তুতির জন্য আবশ্যক – হিন্ট পারসেপ্‌শন টেক্‌নিক
(Hint Perception)

পরীক্ষার প্রস্তুতির জন্য আবশ্যক *'হিন্ট পারসেপশন টেক্‌নিক' (Hint Perception)* হচেছ এক বিজ্ঞানসম্মত পদ্ধতি... যার মাধ্যমে আপনি এক বাক্যের উত্তর মনে রাখতে পারেন।

প্রথম পর্যায় ঃ হিন্ট পারসেপ্‌শনের রহস্য ঃ যখনই সঠিক উত্তরের ব্যাপারে ভ্রম সৃষ্টি হবে, তখন সেটাই গ্রহণ করুন... যেটা আপনার মস্তিস্ক মানবে না। এটাকে খুব সহজ বলে তো মনে হয়... কিন্তু এটা শুধুমাত্র অভ্যাসের দ্বারাই শেখা সম্ভব। কিছু নিশ্চিত অভ্যাসের মাধ্যমেই এই কলা প্রস্ফুটিত করা সম্ভব!

দ্বিতীয় পর্যায় ঃ এর ঘাতক তত্ত্বের থেকে দূরে থাকুন ঃ কিছু ঘাতক তত্ত্ব আপনার এই সাংকেতিক চিন্তাকে নস্ট করে দিতে পারে।

01. মুখস্হ করা ঃ- মুখস্ক করা দ্বারা বিশেষ কোন পার্থক্য ঘটে না... কারণ আপনার অল্পকালীন স্মৃতিতে বেশীক্ষন পর্যন্ত কোন সংখ্যা সুরক্ষিত থাকে না। যখনই আপনি কোন নতুন পরিসংখ্যান যোগ করতে চান... তখন পুরোন পরিসংখ্যান গায়েব হয়ে পড়ে! এই প্রকারে পড়া জিনিষও আমাদের মস্তিস্ক থেকে দ্রুত বেরিয়ে যায়!

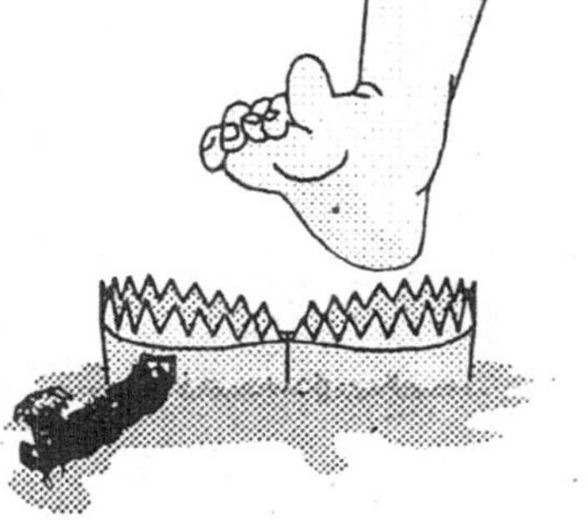

02. বিভিন্ন পাঠ্যপুস্তক বা পাঠ্য

বিষয়ের সাহায্য (Multiple Study Materials) :- কেউ যদি এক সাথে বিভিন্ন রকমের টুপী পরতে চায়, তাহলে যা হবে... এক্ষেত্রেও ব্যাপারটা সেরকমই হয়! বেশীর ভাগ ছাত্র-ছাত্রী এমনটা করলে নিজেদের সুরক্ষিত বলে মনে করে... কিন্তু আবশ্যকতার থেকে বই পড়লে কোন স্পষ্ট মানসিক ছবির সৃষ্টি হয় না এবং *'হিট পারসেপশন'*-ও গঠিত হয় না!

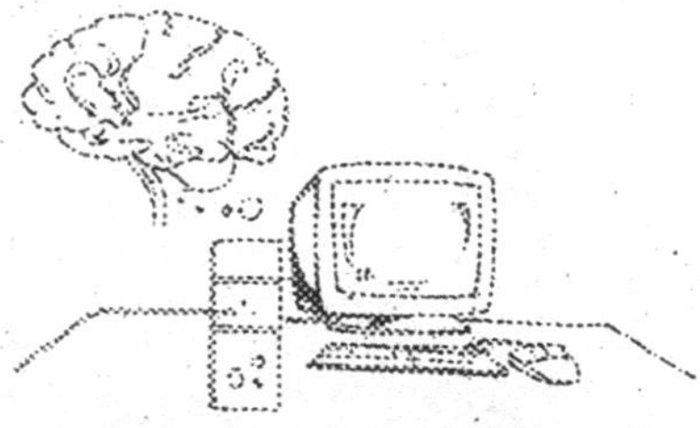

03. পরীক্ষার ভয় (Exam Panic):- এটা এক বিরাট বাধা হয়! ভয়ের কারণেই আমাদের মস্তিষ্ক সংকুচিত হয়ে পড়ে! পরীক্ষার আগে নকল পরীক্ষার পরিবেশ তৈরী করুন... যাতে আপনি পরীক্ষার চাপ এবং পরিবেশের সঙ্গে নিজেকে মানিয়ে নিতে পারেন।

তৃতীয় পর্যায় ঃ এই কলায় উন্নতি নিয়ে আসার উপায় ঃ

এই সমস্ত উপায় একটা স্পষ্ট মানসিক ছবি বানাতে সাহায্য করে। এগুলো এক-এক করে পরীক্ষা করে দেখুন।

প্রথম – সময় সীমার মধ্যে পরীক্ষা দেওয়ার অভ্যাস

ঠিক সেই ভাবেই পরীক্ষা দেওয়ার অভ্যাস করুন, যেমনটি বাস্তবে করবেন।

দ্বিতীয় – 2 - 3 জনের দলে পড়ুন বা পড়ান

এক্ষেত্রে দেখা হয় যে, কোন ভালো অধ্যাপকের দ্বারা পড়ানো হলে আপনি কতটা মনে রাখতে পারবেন – সম্ভবতঃ প্রথম বার 25%-য়ের বেশী নয়। কিন্তু অন্য দিকে যদি আপনি নিজেই নিজেকে পড়ালে অনেক ভালো ফল পাবেন।

এক্ষেত্রে আপনি 75% বেশী বুঝতে পারবেন... কারণ বুঝে পড়তে পারলে সেটা আপনার কাছে অনেক বেশী স্পষ্ট হয়ে উঠবে! এমনিতে পাঠ্য বিষয়ের নির্বাচনও আপনাকে যথেষ্ট ভাবনা-চিন্তা করেই করতে হবে। ধরুন, আপনি কেমিস্ট্রীতে ভালো আর গণিতে ততটা ভালো নন; আপনাকে আমার কি পড়ানো উচিত? আপনিই কেমিস্ট্রীই বলবেন... কারণ গণিতের কারণে আপনি পরীক্ষায় ফেল করতে পারেন! সুতরাং

আপনাকে আমার গণিতই পড়ানো উচিত। হয়তো আপনি উপহাসের পাত্র হতে পারেন... কিন্তু তা আপনার স্মৃতিতে বসে যাবে!

তৃতীয় ঃ সবার সাথে নয়... একা উত্তর দিন

যখনই ক্লাসরুমে বা গ্রুপে কোন প্রশ্ন করা হবে, তখনই সকলের সাথে উত্তর দেওয়ার পরিবর্তে একা উত্তর দিন... যাতে আপনি এটা বুঝতে পারেন যে, আপনি উত্তর দিতে সক্ষম কি না! সকলে এক সাথে উত্তর দিলে আপনি পুরো উত্তর জানেন কি না, সেটা বুঝতে পারবেন না! যেমন – যদি জিজ্ঞাসা করা হয়, মূত্রাশয় পথে কোন্ ব্যাক্টেরিয়ার কারণে সংক্রমণ হয়? এর উত্তর হল – *'ইস্ক্যারকিয়া কোলী'*! মনে করুন, 20-জনের মধ্যে 3-জন এই উত্তর জানেন। তাঁরা যেই 'ইস্' শব্দ বলবেন... তখনই বাকী 6-জনেরও উত্তর মনে পড়ে যাবে এবং 20-জনই *'কোলী'* শব্দটি উচ্চারণ করবেন!

আপনি নিজে এটা বুঝতে পারবেন না যে, আপনি উত্তরটা ঠিক জানতেন কি না? যদি 20-জনের মধ্যে 3-জন হাত তোলেন, তবে বাকী 17-জন নিজেদের মাথার মধ্যে উত্তর হাতড়াতে থাকেন! 3-জন যখন উত্তর দিয়ে দেবেন... তখন 17-জনের মাথায় সেটা বহু দিন থেকে যাবে!

চতুর্থ ঃ সংক্ষিপ্ত নোট্স বানান ঃ

সমস্ত গুরুত্বপূর্ণ উত্তরের সূত্রগুলি নোট করে রাখুন।

পঞ্চম ঃ টেবিল চার্ট (Table Charts)-য়ের প্রয়োগ ঃ হলুদ রং-য়ের পোস্টকার্ড আকারের কার্ডে ফর্মূলা লিখুন। ফোল্ডারে 10-12 কার্ড লাগিয়ে সেটা পড়ার টেবিলের ওপরে রেখে দিন... যাতে অজান্তেই তার ওপরে চোখ পড়ে। তাহলে কিছুদিনের মধ্যেই সেটা আপনার মাথায় বসে যাবে।

ষষ্ঠ ঃ বিজ্ঞানসম্মত রূপে অনুশাসিত পড়াশোনার শিডিউল (Scientific & Disciplined Study Schedule) ঃ অধ্যয়ণ থেকে এটা জানতে

পারা গেছে যে, দীর্ঘ সময় ধরে এক টানা পড়লে মস্তিস্কের ধারণ ক্ষমতা কমে যায়। এক ঘন্টা পরে মস্তিস্ক ক্লান্ত হয়ে পড়ে। 1 ঘন্টা পরে মানসিক ক্লান্তি বাড়তে থাকে! 2 ঘন্টা পরে সম্‌তি ধারণ ক্ষমতা অনেকটাই কমে আসে! তাই 2 ঘন্টার সীটিং রাখুন... মধ্যে 10 মিনিট ব্রেক দেবেন। 2 ঘন্টা বাদে গরম কফি পান করুন বা হাল্কা কিছু খান। একটু গান শুনুন এবং দ্বিতীয় সীটিং শুরু করুন।

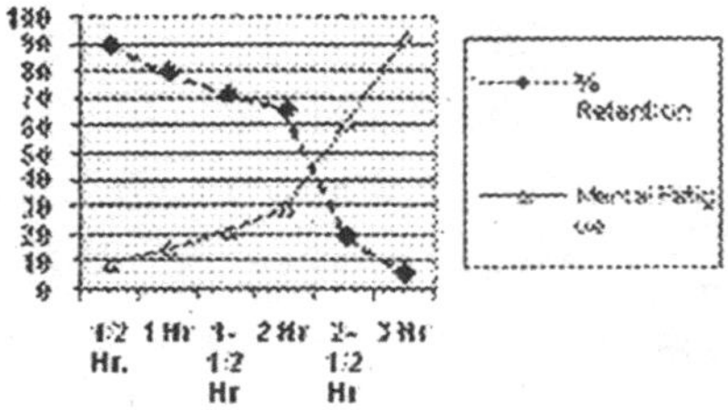

সপ্তম ঃ পরীক্ষার আগে রাতে অবশ্যই পুরো সময় ঘুমোন ঃ কোন ক্লান্ত মস্তিস্ক হিন্টস বা সংক্ষিপ্ত নোটস কি ভাবে বুঝবে! তাই পরীক্ষার আগে পুরো ঘুম হওয়াটা অত্যন্ত জরুরী হয়।

এটিকে নিজের অভ্যাস করে তোলার চেষ্টা করুন। নিজের ক্লাসরুমে হওয়া টেস্টের সাথে আপনি এটার অভ্যাস করে নিতে পারেন।

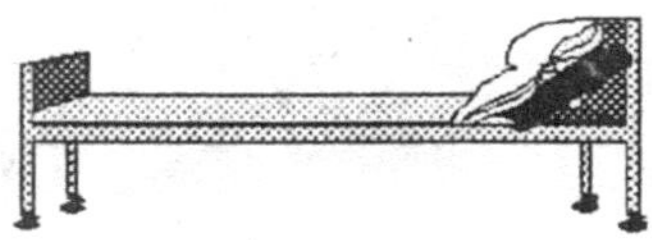

অষ্টম ঃ মস্তিস্ককে প্রেরিত করুন ঃ এটাই সব চেয়ে গুরুত্বপূর্ণ হয়! কারণ প্রেরিত মস্তিস্ক *(Motivated Brain)* ➔ ইতিবাচক মনোভাব *(Positive Attitude)* ➔ একাগ্রতা এবং স্মৃতি ধারণ শক্তি *(Concentration & Retentivity)*-তে পরিবর্তন এবং দীর্ঘকালীন স্মৃতি বৃদ্ধি। অর্ধেক যুদ্ধ তো আপনি এখানেই জিতে নিলেন!

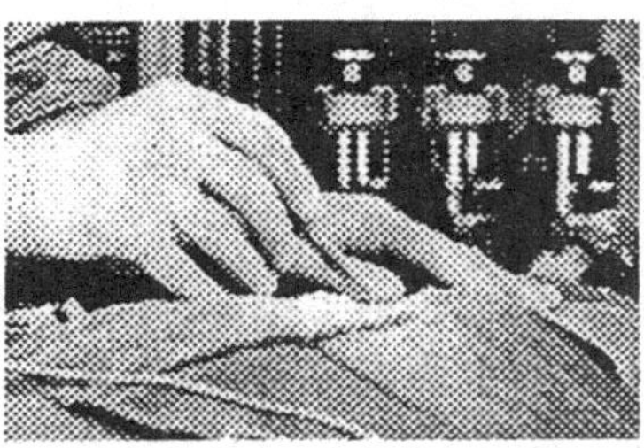

এমন কল্পনা করুন যে, আপনি সেই ভূমিকাতেই কাজ করছেন... যেটা আপনি হতে চান! যেমন – আপনি কোন ডাক্তার বা ইঞ্জিনিয়ার হিসেবে কাজ করছেন। সকালবেলা ঘুম থেকে উঠে বা রাতে ঘুমোনোর সময় অবশ্যই এমনটা কল্পনা করুন। মনে রাখবেন – আপনার মস্তিস্ককে আপনার থেকে বেশী প্রেরণা আর কেউ দিতে পারবে না!

❑

পরীক্ষার বিশেষ দিন

আপনারা প্রত্যেকেই এই *'ডী-ডে' (নির্দিষ্ট দিন)*-য়ের গুরুত্ব বোঝেন অর্থাৎ যেদিন আপনারা প্রবেশ পরীক্ষা দিতে যান। এটা মাথায় রাখবেন যে, এই দিনটায় সামান্য ব্যাপারেও বিরাট হৈ-চৈ হতে পারে। আপনি এই কয়েক মাসে কঠোর পরিশ্রম করে যা কিছু শিখেছেন বা পড়েছেন – একটা ছোট্ট পরীক্ষা তার বিচার করে দেবে *(যদিও সময় কয়েক ঘন্টার থাকবে... কিন্তু এমনটা মনে হবে, যেন কয়েকটা মুহূর্তই কেটেছে)*! মনে রাখবেন, সামান্য গণ্ডগোল আপনার এত দিনের পরিশ্রমে জল ঢেলে দিতে পারে। হয়তো আপনি গত কয়েক মাস / বছর ধরে কঠোর পরিশ্রম / পড়াশোনা করেছেন... কিন্তু আগামী কয়েকটা ঘন্টাই এটা ঠিক করবে যে, আপনি সফল হতে পারবেন কি না! তাহলে কোথা থেকে শুরু করা যায়?

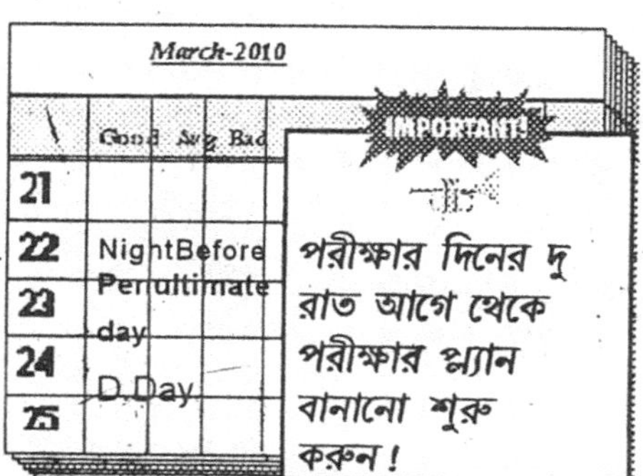

শেষ 36 ঘন্টা ঃ- পরীক্ষার আগের দিনটা খুবই গুরুত্বপূর্ণ হয়... কিন্তু আমাদের তারও একদিন আগে, রাত থেকেই প্রস্তুতি শুরু করে দিতে হবে! অর্থাৎ যদি আপনার পরীক্ষা 24-শে ফেব্রুয়ারী হয়... তবে 22 তারিখ রাত থেকেই আপনাকে

প্রস্তুতি নিতে হবে। আমরা এই 36 ঘন্টা অর্থাৎ পরীক্ষার দুই দিন আগের রাত থেকেই পরীক্ষা শুরুর সময়কে এক একক বলে মনে করি! এই সময় আপনার মানসিক আর শারীরিক যোগ্যতা উচ্চ শিখরে থাকতে হবে।

সবার আগে যে বিষয়টা মাথায় রাখবেন... তা হল, ঘুম যেন পুরো হয়। পরীক্ষার আগে সাত থেকে আট ঘন্টার ঘুম অত্যন্ত জরুরী হয়। আমি জানি যে, এমনটা বলা খুবই সহজ... কিন্তু কাজে করা খুবই মুশ্কিল হয়... কারণ মনের মধ্যে একটা অশান্তি থেকেই যায় এবং শেষ পর্যন্ত মনে হতে থাকে – *'এটা বাকী থেকে গেল... ওটা বাকী থেকে গেল!'* আর সেটা পূরণের জন্য আপনি ঠিক মত ঘুমোতে পারেন না। তাই পরীক্ষার সময় 4 - 6 ঘন্টা ঘুমোতে পারলেও মনে হয় অনেক হয়েছে। ঘুমের এই অভাব আপনার মানসিক যোগ্যতা এবং স্মরণশক্তির ক্ষমতাকে 2 থেকে 5 শতাংশ কমিয়ে দেয়। তাহলে পরিণাম কি হল?

পরীক্ষার দিনের আগে কম পক্ষে 9 ঘন্টা ঘুমোন!

এই সমস্যা সমাধানের জন্য পরীক্ষার দু দিন আগে *(অর্থাৎ আগে বলা উদাহরণ অনুসারে 22 তারিখ থেকেই)* আপনি কম পক্ষে 9 ঘন্টা করে ঘুমোতে শুরু করুন। এটা খুবই গুরুত্বপূর্ণ সিদ্ধান্ত... কারণ ঘুমের অভাব বৃদ্ধি পেতে থাকে। যদি কয়েক দিন ধরে ঘুম পূরণ না হয়, তবে এই অভাব ধীরে-ধীরে আপনার যোগ্যতার ওপরে অত্যন্ত খারাপ প্রভাব ফেলবে এবং তার ফলে পরীক্ষার দিন আপনার প্রদর্শনের ওপরেও প্রতিকূল প্রভাব দেখা যাবে। তাই 22 তারিখ রাতে *(অর্থাৎ পরীক্ষার দু দিন আগে)* আপনি যদি দীর্ঘ সময়ের জন্য ঘুমোতে পারেন, তবে আপনার অনেকটা অভাবই পূরণ হয়ে পড়বে!

এই ব্যাপারে আরও একটি গুরুত্বপূর্ণ বিষয় হল, এই 36 ঘন্টায় আপনি কি খাবেন? এই সময় তেল / ঘি-তে ভাজা খাবারে হাত পর্যন্ত লাগাবেন না। মস্তিস্কের ক্যালোরীর প্রয়োজন হয়... কিন্তু তা যেন সাধারণ কার্বোহাইড্রেট থেকেই প্রাপ্ত হতে পারে। এখানে সাধারণ মানে অতি সহজে হজম হওয়ার যোগ্য মোনো বা ডাই স্যাকেরাইড কার্বোহাইড্রেট, যা অতি শীঘ্র রক্তের মধ্যে মিশে গিয়ে মস্তিস্ককে শক্তি

প্রদান করতে পারে। যে সমস্ত খাদ্যদ্রব্য এই কাজ করতে পারে... সেগুলো হচ্ছে চিনি, গ্লুকোজ, ল্যাক্টোজ ইত্যাদি... যেগুলো অতি শীঘ্র শক্তি প্রদান করে এবং সেগুলো হজম করার ক্ষেত্রেও কোনরকম অসুবিধা হয় না। অর্থাৎ শেষ দিনে কম প্রোটিন যুক্ত খাদ্যদ্রব্য গ্রহণ করুন... অবশ্যই ফ্যাটহীন খাদ্য খাবেন এবং প্রধানতঃ কার্বোহাইড্রেট *(বিশেষ করে ডিনারে)*! প্রোটিন জাতীয় খাদ্য হজম করার জন্য পেটকে অনেক বেশী পরিশ্রম করতে হয় এবং যে রক্ত আপনার মস্তিস্কের শক্তি বৃদ্ধি করতে পারে, তা খাদ্য হজম করতেই চলে যাক... আপনি নিশ্চয়ই এমনটা চাইবেন না।

তৃতীয় গুরুত্বপূর্ণ বিষয় হল, কত বার খাবেন? কার্বোহাইড্রেট জাতীয় খাদ্য অতি শীঘ্র হজম হয়ে যায়... তাই দুই বা আড়াই ঘন্টা বাদে-বাদে কিছু খাবার খান। পরীক্ষার ঠিক আগের দিন *(অর্থাৎ 23-শে ফেব্রুয়ারী)* তিন বার পেট ভরে খান... 6 বা 7 ঘন্টা বাদে-বাদে হাল্কা কিছু খাবার খান... তা যেন হাল্কা আর

পুষ্টিকর খাদ্য হয়। ফল খেতে পারেন। এই ভাবে 2 বা 2½ ঘন্টা বাদে-বাদে আপনি সতেজ ক্যালোরী গ্রহণ করতে পারবেন। কিন্তু দয়া করে একটা বিষয় মাথায় রাখবেন যে, এটা ডায়েটিং বা ওজন কমানোর সময় নয়। এই সময় ক্যালোরীযুক্ত খাবার খান!

সহজে হজম হওয়া

কার্বোহাইড্রেট যুক্ত হাল্কা ভোজন, প্রতি 2 বা 3 ঘন্টা পরে-পরে নিন; এক সাথে ভারী ভোজন এড়িয়ে চলুন!

চতুর্থ যে বিষয়টা মস্তিস্কে রাখতে হবে... তা হল সামান্য ব্যায়াম! এটা শুনে আপনারা একটু আশ্চর্য হতে পারেন... কারণ পরীক্ষার আগের এই ব্যস্ত সময়ে ব্যায়ামের কথা ভাবাই সম্ভব নয়! কিন্তু এই ব্যায়াম আপনাদের মস্তিস্ককে চমৎকার শক্তি প্রদান করবে এবং আপনাদের প্রাপ্ত নম্বরের পরিমাণও এর ফলে বৃদ্ধি পাবে। আদর্শ ব্যায়ামের প্রক্রিয়া হল – জাম্পিং, স্কিপিং, সিঁড়ি চড়া, ছোটা অর্থাৎ এমন ব্যায়াম... যা আপনার হৃদস্পন্দন বৃদ্ধি করবে এবং রক্ত সঞ্চালনের গতিকেও বাড়াবে। এই ব্যায়াম আপনাদের মস্তিস্কের চাপ কম করবে

এবং আপনাদের সতেজ করে তুলবে।

শেষ দু দিনের জন্য পঞ্চম গুরুত্বপূর্ণ বিষয় হল – কতটা সময় পড়তে হবে, তা ঠিক করা। শেষ দু দিন অল্প-অল্প সময় ধরে গভীর অধ্যয়ণ করুন। উদ্দেশ্য হল, দ্রুত গতিতে রিভাইজ করা। বেশীক্ষণ ধরে পড়বেন না... তাহলে আপনার মস্তিস্ক ক্লান্ত হয়ে উঠবে... ফলে পরীক্ষার জন্য প্রয়োজনীয় বিষয়গুলি মনে রাখার ক্ষেত্রে বাধা উৎপন্ন হবে। 1 থেকে 1½ ঘন্টা পড়ার পর 15 থেকে 30 মিনিট বিরতি নিন। এই সময়ে মনের ক্লান্তি দূর করতে পারেন – টি.ভি. দেখবেন না... এতে চোখের ওপরে চাপ পড়বে!

5 মিনিটের জন্য এ্যারোবিক ব্যায়াম অবশ্যই করুন... পরীক্ষার এক দিন আগে আর পরীক্ষার দিন সকালে!

শেষ দিন ঃ আগে থেকেই ঠিক করে নিন যে, পরীক্ষার দিন সকালে কি-কি করবেন এবং কি ভাবে করবেন। শেষ মুহূর্তের জন্য কোন কাজ রেখে দেবেন না। আপনি যদি তাদের মতন হন, যারা পরীক্ষার দিন সকালে না পড়ে থাকতে পারে না... তাহলে এটা ঠিক করে নিন যে, বেশীক্ষন পড়বেন না। সংক্ষিপ্ত নোটস্ আপনার কাজ অনেকটাই সহজ করে দেবে।

শেষ দিনে শান্ত থাকার চেস্টা করুন। কোন কারণেই টেনশন করবেন না। এর জন্য প্রয়োজনীয় সরঞ্জাম, যেমন – পেন্সিল-রবার, এ্যাডমিড কার্ড ইত্যাদি গুছিয়ে রাখুন এবং যদি কোন বিশেষ পোশাক পরতে চান, তাহলে সেটিও আগের দিন রাতেই

রেডী রাখুন। তা না হলে ছোটখাটো সমস্যা, যেমন – পেন খোঁজা, এ্যাডমিট কার্ড খোঁজা প্রভৃতি আপনার রক্তে এড্রোনিলের মাত্রা বাড়িয়ে তুলবে... যার ফলে এক বিরাট সমস্যা হতে পারে। এমন পরিস্থিতিতে ঘাবড়ে ওঠায় বিরাট গণ্ডগোলের সৃষ্টি হতে পারে! ফলে আপনার সমস্ত পরিশ্রম ব্যর্থ হয়ে পড়তেও পারে... তাই সতর্ক থাকুন!

শেষ পরামর্শ ঃ আমি আপনাকে শান্ত থাকতে বলছি ঠিকই... কিন্তু সেটা এই জিনিষটার ওপরে নির্ভর করে যে, আপনার প্রস্তুতি কেমন হয়েছে? কারণ পরীক্ষা দিতে বসার পরে আপনি একটু উত্তেজিত তো হবেনই। আরাম করে বা মজা করে পরীক্ষা দেওয়ার কথা ভাবাই যায় না। আমার কথা শুনে আপনি একটু দ্বন্দ্বে পড়ে যেতে পারেন... কারণ এক দিকে আমি আপনাকে শান্ত থাকতে বলছি এবং অন্য দিকে একটু উত্তেজিত হওয়ার কথাও বলছি। পরীক্ষার সময় একটু বেশী সতর্ক থাকতে বলার কারণ হল, আপনাকে পরীক্ষায় শুরু থেকেই এম.সি.কিউ. *'ফায়ার'* করতে হয়। এটা অনেকটা 20-20 ক্রিকেট ম্যাচের মতন হয়... যাতে প্রথম বল থেকে আপনাকে জোরের সাথে সঠিক টাইমে হিট্ করতে হবে! পরীক্ষার সময় কয়েক সেকেণ্ড সময় যদি আপনি অতিরিক্ত পেতে পারেন, তবে আপনর নম্বরের ক্ষেত্রে সেটা এক বিরাট প্রভাব বিস্তার করবে।

এই পরামর্শ বা মূল নিয়মগুলি নিজের জীবনে পালন করার চেস্টা করুন এবং অমি সম্পূর্ণ বিশ্বাসের সাথে বলছি যে, পরীক্ষার পর আপনি বলবেন – *'হ্যাঁ... আমি জিতে গেছি!'*

❑

হাসি... যা আপনাকে জেতাতে পারে!

টপার্সদের কাছে সফলতা প্রাপ্ত করার জন্য এক বিরাট হাতিয়ার থাকে! বেশীর ভাগ লোকই তা লুকিয়ে রাখে বা তারা এটা জানেই না! সেই গোপন হাতিয়ার হচ্ছে – হাসি! এই হাসি দেখলে বোঝা যায় যে, কেউ আপনাকে পড়তে বাধ্য করছে না... বরং আপনি নিজের সন্তুষ্টির জন্য, নিজের লক্ষ্য পূরণের জন্য পড়ছেন। এই কারণেই আপনি নিজের শ্রেষ্ঠ প্রদর্শন দিতে পারেন!

প্রথম পর্যায় ঃ নিজের লক্ষ্য পূরণের জন্য হাসির প্রয়োজন কি?

এই ব্যাপারে আলোচনা করার জন্য আমি প্রিন্সটন বিশ্ববিদ্যালয়ের দুই মনোবিজ্ঞানী *'সিল্‌ভন টমকিন এবং পল্‌ ইকম্যান'*-য়ের অধ্যয়ণের ব্যাপারে জানাতে চাইব! ম্যালকম গ্ল্যাডওয়েল নিজের পুস্তক 'ব্লিংক'-তে এই প্রসঙ্গে আলোচনা করছেন! ওনারা মুচকি হাসি / হাসি বনাম ভ্রুকুটির সাথে যুক্ত মাংসপেশীগুলোর ওপর অধ্যয়ণ করেছিলেন। ওনাদের সিদ্ধান্ত হল ঃ *"আমাদের মুখ শুধুমাত্র আমাদের আভ্যন্তরীণ ভাবনার 'বিল-বোর্ড'-ই হয় না!"* এই প্রক্রিয়া কখনো-কখনো বিপরীত পদ্ধতিতেও কাজ করে। মুখের দ্বারা আবেগ প্রতিলক্ষিত হতে পারে। তাই যদি আপনার হাসি মেকী হয়... তবে এই হাসির থেকে সেটাই প্রতিফলিত হবে, যা আপনার প্রকৃত হাসির থেকে হবে। জার্মানের এক দল মনোবিজ্ঞানী এই সিদ্ধান্তের পুষ্টিকরণ করেছেন। তাঁরা এক দল লোককে ঠোঁঠ দিয়ে পেন চেপে রাখতে বলেছিলেন *(যাতে তাঁরা হাসতে না পারেন)* এবং অন্য আর

একটি দলকে দাঁত দিয়ে পেন চেপে রাখতে বলেছিল *(যাতে তাঁরা হাসতে বাধ্য হন)*! তারপর দুটি দলকেই একটা কার্টুন ফিল্ম দেখানো হয়। যাঁরা হাসতে বাধ্য ছিলেন, তাঁরা এই ফিল্ম অনেক বেশী উপভোগ করেন এবং যাঁরা হাসতে পারেননি, তাঁদের থেকে এই দলের লোকেদের মানসিকতাও অনেক বেশী ইতিবাচক ছিল!

এর ইতিবাচকতার কারণ হল এই যে, হাসলে মস্তিস্কে এণ্ড্রোফিনের স্রাব হতে থাকে; যার ফলে দুটি কাজ হয় ঃ

– মানসিক চাপ আর উদ্বেগ না থাকায় পরীক্ষার ভয় অস্থির করে মারে না!

– মস্তিস্কে রক্তের প্রবাহ বৃদ্ধি পাওয়ায় একাগ্রতা শক্তিছ উন্নত হয় এবং স্মরণশক্তিও উন্নত হয়ে ওঠে!

দ্বিতীয় পর্যায় ঃ কি ভাবে হাসবেন ?

এই প্রশ্নটা শুনতে একটু অস্বাভাবিক লাগতে পারে... কারণ প্রতিটি ব্যক্তিই হাসতে জানে। এটা কি এমন ব্যাপার! কিন্তু পরীক্ষার সময় আমরা হাসতে ভুলে যাই আর এই সময় সর্বদাই আমাদের ভ্রু কুঞ্চিত হয়ে থাকে! এর কারণ হচ্ছে আমরা এই সময় একাগ্র হতে পারি না এবং আমাদের স্মরণশক্তি কমে আসে! এজন্য আমাদের সর্বদা হাসতে থাকা শেখা উচিত!

01. সবার আগে এটা মাথায় রাখবেন যে, আপনাকে হাসতে হবে। তাই নিজের পড়ার টেবিলের আসশপাশে একটা *'স্মাইলী'* পোস্টার বা মেসেজ লাগান!

02. ভেতর থেকে

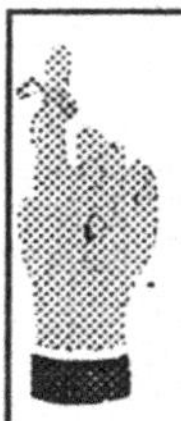

সবার আগে এটা মাথায় রাখবেন যে, আপনাকে হাসতে হবে। তাই নিজের পড়ার টেবিলের আশপাশে একটা *'স্মাইলী'* পোস্টার বা মেসেজ লাগান!

হাসার চেষ্টা করুন! এটা জোর করে হাসার থেকে অনেক ভালো হয়! কোন রোচক ঘটনা বা মজার ফোটোও এই কাজটা করতে পারে!

তাহলে প্রিয় বন্ধু! আজ থেকেই জোরে-জোরে হাসা শুরু করুন আর কাজে লেগে পড়ুন... ফল খুব শীঘ্রই আপনার সামনে আসতে লাগবে!

❑

স্মরণ শক্তি এবং আপনার সফলতা

পরীক্ষার জন্য স্মরণ শক্তি এক বিরাট বড় আশীর্বাদ হয়... এটা অস্বীকার করার কোন উপায় নেই! ভালো স্মরণ শক্তির জন্য আপনাকে যে অতিরিক্ত বুদ্ধিমান বা জিনিয়াস হতেই হবে... তার কোন মানে নেই। বিভিন্ন অধ্যয়ণ থেকে এমনটা জানতে পারা গেছে যে, টপার্সদের কাছে কোন অতি মানবীয় স্মরণ শক্তি থাকে না। তাঁরা লাগাতার অভ্যাস দ্বারা এবং নিরীক্ষণ দ্বারা পাঠ্য সামগ্রীকে নিজেদের দীর্ঘকালীন স্মরণ শক্তিতে ঢুকিয়ে নেন! আপনারাও যদি একটু সময় দিতে পারেন এবং চেস্টা করেন... তবে আপনাদের স্মরণ শক্তিও পরিবর্তিত হতে পারে!

প্রথম পর্যায় ঃ স্মরণ শক্তিকে বোঝা

স্মরণ শক্তিকে মস্তিস্কের ধারণ ক্ষমতা বলা হয়। মস্তিস্ক এমনটা কি ভাবে করে, সেটা জানার জন্য তার কার্য প্রণালী দেখতে হবে। মস্তিস্কের দুটি ভাগ পৃথক-পৃথক কাজ করে থাকে। ডান ভাগ *'কোন জিনিষ চেনা'*, *'ভাবনা'*, *'সৃজনশীলতা'*, *'গান'* প্রভৃতি ব্যাপারে কাজ করে আর বাঁ ভাগ *'তর্কশক্তি'*, *'ক্রম পদ্ধতি'* এবং *'ভাষা'*-র ওপরে কাজ করে!

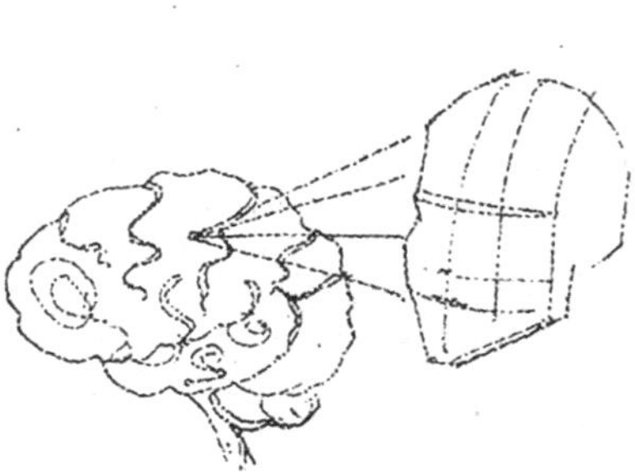

আমাদের মস্তিস্ক ডান দিকের বিষয় বস্তুগুলিকে তাড়াতাড়ি মনে

করতে পারে। আপনি অঙ্ক বা নামের তুলনায় ছবি বা গান অনেক শীঘ্র মনে করতে পারবেন। যদি দুটি ভাগই সমান ভাবে কাজ করে, তবে স্মরণ শক্তি শোধরাতে দেরী হয় না।

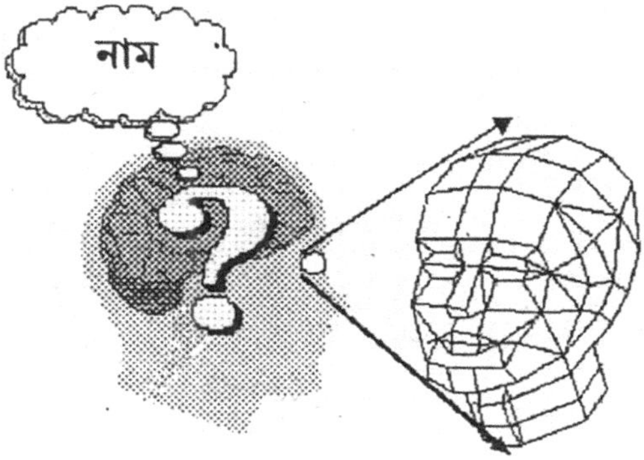

এবার নম্বর সংগ্রহের প্রক্রিয়া সম্পর্কে জানুন। যখন আমরা কোন নাম বা নম্বর রিভিশান করি, তখন তা নির্দিষ্ট ন্যুরোনের মধ্যে মস্তিষ্কে রেকর্ড হয়ে যায়। বার-বার সেই নাম নিলে নুরোনের এই সেট পুনরায় যোগ হতে থাকে এবং মস্তিষ্কের হিপ্পো ক্যাম্পাসে তা একত্রিত হয়ে যায়। এটা যত বার রিভিশান করা হবে বা যত বেশী সাম্প্রতিক হবে... তত শীঘ্র মনে পড়বে!

যদি কোন ব্যক্তি বেশী সুন্দর হন বা যদি কেউ অত্যন্ত ভয়ঙ্কর হন... তবে তাঁর নাম মনে করতে কোন সমস্যাই হয় না! কেন? কারণ একটু ব্যতিক্রমী ছবিগুলি *(সুন্দর, মিষ্টি, ভয়ঙ্কর)* আমাদের মস্তিস্কের ডান ভাগে বসে যায় এবং তা মনে থেকে যায়। সংখ্যার কোন রূপ হয় না... তাই আমরা সেগুলোকে অন্য সংখ্যার থেকে আলাদা করে স্মরণ করতে পারি না। আমাদের সেই সংখাগুলিকে কোন ছবির সাথে যুক্ত করে মনে রাখতে হবে; পরিসংখ্যান যত সাম্প্রতিক হবে বা যত বার রিভিশান করা হবে... তত শীঘ্র মনে পড়বে!

স্মৃতির প্রকার ভেদ

পরীক্ষার দৃষ্টিতে এটা দুই প্রকারের হয় ঃ

ক) স্বল্পকালীন স্মরণ শক্তি ঃ এই ধরণের স্মরণ শক্তির ক্ষেত্রে পরিসংখ্যান খুব অল্প সময়ের জন্যই মস্তিস্কে বিরাজ করে এবং যদি তা রিভাইজ না করা হয়, তবে তা গায়েব হয়ে যায়! যেমন – টেলিফোন নম্বর। আপনি যদি আরও সাম্প্রতিক কোন পরিসংখ্যান মনে করার চেস্টা করেন, তবে আগের কিছু পরিসংখ্যান স্মরণ শক্তির থেকে বাইরে বেরিয়ে যায়!

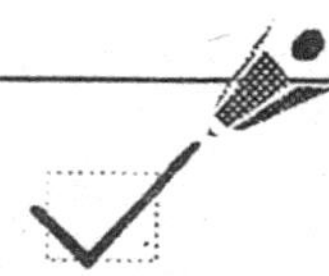

মুখস্হ করলে কোন জিনিষ বেশী সময় পর্যন্ত মস্তিস্কে থাকে না!

খ) দীর্ঘকালীন স্মরণ শক্তি ঃ মস্তিস্কের ধারণ ক্ষমতা এতটা তীক্ষ্ণ হওয়া সত্ত্বেও পরীক্ষার সময় আমরা সব কিছু মনে করতে পারি না। যদি বহু দিন আগে কিছু পড়া হয়, তবে তা মনে করতে খুবই অসুবিধা হয়।

কিন্তু, যদি বিষয় বস্তু খুবই আকর্ষক হয়, তবে তা মনে করতে খুবই সুবিধা হয়। আপনি *'শোলে'*-তে হেমা মালিনীর চরিত্রের নাম কি ছিল, সেটা অতি সহজেই মনে করতে পারেন। হ্যাঁ... *'বাসন্তী'*! আপনি তার ঘোড়ার নামও মনে করতে পারেন! হ্যাঁ... *'ধন্নো'*! কিন্তু যখন বিষয় আকর্ষণীয় হয় না, তখনই সমস্যার সৃষ্টি হয়, যেমন – শরীরের হাড়ের নাম বা মোগল বাদশাহদের নাম মনে রাখতে সমস্যা হয়। এটা কি ভাবে মনে রাখবেন? আপনি দুটি কাজ করতে পারেন ঃ

ক) মনে রাখা বা রিভাইজ করা ঃ যেটাকে আপনি *'মন থেকে মনে রাখা'* বা *'রিভাইজ'* বলে থাকেন। বারংবার রিভাইজ করতে থাকলে সামগ্রী মনে থেকে যায়, যেমনটা ছোট বাচ্চারা পড়ে থাকে। আপনিও এই প্রক্রিয়ায় ফোন নম্বর বা ফর্মূলা মনে রাখতে পারেন। এর থেকে ভালো কোন সার্থক মানসিক ছবি তৈরী হয় না।

এই স্মৃতি বেশী সময়ের জন্য থাকে না... তাই বহুবিকল্পীয় পরীক্ষায় এর প্রয়োগ বেশী হয় না।

খ) এ্যাসোসিয়েশন ফর্মেশন মেথড *(Association Formation Method)* ঃ

এই প্রক্রিয়া *'কল্পনা'* এবং *'সংযোগ'*-য়ের ভিত্তিতে গড়ে ওঠে। আপনাকে কোন নম্বরকে এমন কোন ছবি বা চিত্রের সাথে যুক্ত করতে হবে... যা অতি সহজেই মনে করা যেতে পারে!

বিভিন্ন অধ্যয়ণ থেকে এটা জানতে পারা গেছে যে, এ্যাসোসিয়েশন যত অসংলগ্ন হবে, সেটা মনে রাখা তত

সহজ হবে!

খ) i) - নিমোনিস্ক *(Mnemonics)* ঃ এর নাম মেমোরীর গ্রীক দেবী (নিমোসাইন)-য়ের নাম অনুসারে রাখা হয়েছে। এখানে আমরা কোন সংখ্যার সার্থক এ্যাসোসিয়েশন করে থাকি। যেমন – জীবন বিজ্ঞানে আমাদের কব্জির 8-টা কার্পল হাড়ের নাম পর-পর মনে রাখতে হয়। ইংরাজীতে সেগুলোর নাম হল ঃ

বার-বার রিভাইজ করলে বা স্মৃতিতে ঠুসে-ঠুসে পুরলে পরিসংখ্যান স্মৃতিতে বেশী সময় টেঁকে না!

Scaphoid, Lunate, Triquetruw, Pisiform,
Trapezium, Trapezoid, Capitate, Hamate

এই নামগুলো মনে রাখাটা অত্যন্ত সমস্যাজনক হয়... তাই এর নিমোনিক্স হল ঃ

Sneh Lata Tinda Paka
Tere Tinda Cache Hain

এখানে scahoid-য়ের জন্য Sneh, Lunate-য়ের জন্য Lata.......... গ্রহণ করা হয়েছে। আপনাকে এই ভাবে নিজের নিমোনিক্স বানাতে হবে।

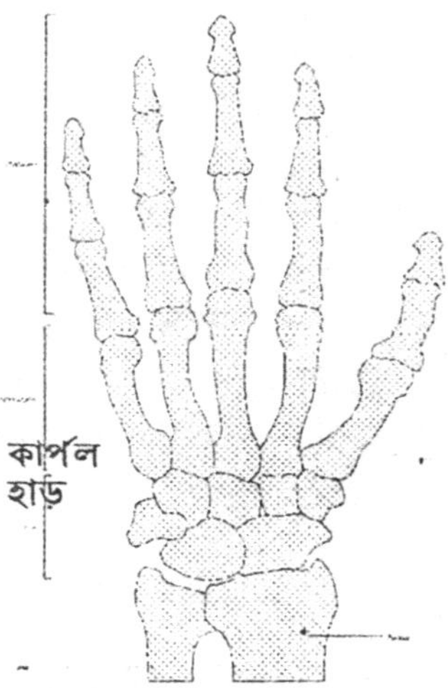

HAND PALMAR VIEW

খ) ii) - রোমন রুম টেকনিক ঃ এটাও এ্যাসোসিয়েশনের এক টেকনিক হয়! এক্ষেত্রে বস্তু / শীর্ষক গুলিকে প্রশ্নের আকারে মনে রাখা হয়। এই সমস্ত বিষয়গুলি মানসিক রূপে আপনার বাড়ীর কামরার সাথে যুক্ত করে দেওয়া হয়... যেগুলি আপনি মনে রাখতে চান।

যেমন – দুধ, ডিম আর মাংস থেকে ক্যালশিয়াম প্রাপ্ত হয় – এটা মনে রাখার জন্য আপনি এমন মানসিক চিত্র গঠন করতে পারেন যে, আপনি নিজের বাড়ীর সাদা *(ক্যালশিয়াম)* দরজা দিয়ে প্রবেশ করছেন এবং এটা দেখতে পেলেন যে, কল থেকে দুধ পড়ে আপনার বাড়ী ভেসে যাচেছ এবং আপনার বেডরুমে ডিম ভেসে বেড়াচেছ!

খ) iii) – অজ্ঞাতকে জ্ঞাত বিষয়ের সাথে যুক্ত করা ঃ অজ্ঞাত বিষয় এখনও স্মৃতির সাথে যুক্ত নয়, তাই যদি আপনি এটা মনে রাখতে চান যে, 'Believe'-তে 'IE' আছে, না কি 'EI'... তাহলে

যে কোন বস্তুকে লিংক মেথডে কোন রোচক আর মনোরঞ্জক বস্তুর সাথে লিংক বানিয়ে সেটাকে মনে রাখা যেতে পারে !

এই বাক্য মনে রাখুন 'Never believe a lie'! এখানে আপনি জানেন যে, 'Lie' -তে 'IE' আসে! এই ভাবে আপনার 'Believe'-য়ের 'IE' -ও মনে থাকবে।

খ) iv) - লিঙ্ক *(Link)* মেথড ঃ এখানে আমরা সামগ্রীকে কোন মনোরঞ্জক বিষয় বা অসংলগ্ন বস্তুর সাথে যুক্ত করে থাকি! যেমন – যদি আপনার মনে রাখতে হয় যে, এক ব্যাটসম্যান স্যার ডোনাল্ড টেস্ট ম্যাচে 0 রানে আউট হয়েছেন এবং পরে কম্‌প্যুটারের ব্যবসায় তিনি কোটিপতি হয়ে উঠেছেন... তাহলে আপনি এমন মানসিক ছবি বানাতে পারেন – ডোনাল্ড ডাক একটা ব্যাট দিয়ে কোটি-কোটি কম্‌প্যুটার ভাঙছে !

তৃতীয় পর্যায় - উন্নততর উপায়ে মনে রাখার জন্য ঃ বেলা জীগার্নিক *(Bella Zeigarnik's Tip)*! বেল প্রমাণ করে দিয়েছেন যে, অসম্পূর্ণ কাজের স্মৃতি দীর্ঘকাল ধরে থেকে যায়।

অসম্পূর্ণ কাজ মস্তিস্কে চাপ বৃদ্ধি করে... যার ফলে সেটা স্মৃতিতে বসে যায়। কাজ সম্পূর্ণ হওয়ার পর মস্তিস্ক শান্ত হয়ে যায় এবং সেটা ভুলিয়ে দেয়... সেই অধ্যায়ই বন্ধ করে দেয়। রাতে অর্ধেক পড়ে শুয়ে পড়ুন।

পরেির দিন সকালে সেটা আবার একবার রিভাইজ করুন আর তারপর পরবর্তী বিষয় পড়ুন। এই প্রকারে এটা অনেক বেশী সময় পর্যন্ত মাথায় থেকে যাবে।

চতুর্থ পর্যায় - আত্ম পরামর্শ *(Auto-Suggestion)* ঃ আপনার নিজের ক্ষমতার ওপরে সম্পূর্ণ ভরসা থাকা উচিত। আমরা প্রায়ই নিজেদেরকে এমনটা বলে থাকি – *'আমার কারো নাম মনে থাকে না!'* বা *'আমি কিছু মনে রাখতে পারি না!'* এর ফলে আপনার মনোবল ভেঙে যায়। আমাদের মস্তিষ্ক এমনটা মনে করে যে, আমি কিছু মনে রাখতে পারি না। এর পরিবর্তে আপনার এমনটা মনে করা উচিত – *'আমি কিচ্ছু ভুলি না... আমার কাছে দিব্য স্মরণ শক্তি রয়েছে!'*

❑

আপনার সফলতায় মাতা-পিতার ভূমিকা

প্রসিদ্ধ দর্শনিক 'খলীল জিব্রান' নিজের পুস্তক 'প্রোফেট'-তে লিখেছেন ঃ

আপনার বাচ্চা, আপনার বাচ্চা নয়
তারা নিজেদের, জীবনের চাহিদার ছেলে-মেয়ে।
আপনি তাদের শরীর বানাতে পারেন... আত্মা নয়।
কারণ তাদের আত্মা আগত ভবিষ্যতের ঘরে রয়েছে... সেখানে আপনি যেতে পারবেন না।
নিজের স্বপ্নেও না...
আপনি তাদের নিজের স্নেহ দিতে পারেন... কিন্তু নিজের চিন্তা নয়... কারণ তাদের মধ্যে নিজস্ব চিন্তাধারা রয়েছে!
আপনি তাদের মত হওয়ার চেষ্টা করতে পারেন... কিন্তু তাদের নিজের মত বানাতে পারবেন না।
কারণ জীবন পিছনের দিকে যায় না... অতীতের সাথে হাত মেলায় না!

এটাই হচেছ আদর্শ মাতা-পিতা হওয়ার উপায়! এই প্রক্রিয়ার মাধ্যমে মাতা-পিতা বাচচাদের সফলতার দিকে নিয়ে যেতে পারেন। প্রশ্ন হল, আমরা কখন-কখন এমন মাতা-পিতা হয়ে উঠতে পারি? একজন শিক্ষা মনোবিজ্ঞানী এবং শিশু চিকিৎসক হিসেবে আমি এমনটা বলতে

পারি যে, এমন সুযোগ খুব কমই আসে। আমরা মাতা-পিতারা প্রায় সময় এর উল্টোটাই করি। আমরা বাচ্চাদের ভরসা দেওয়ার পরিবর্তে তাদের ওপরে নিজেদের মনোভাব চাপিয়ে দেওয়ার চেস্টা করি। তারা কি চায়, আমরা সেটা দেখি না... বরং আমরা তাদের নিজেদের মত বানানোর চেস্টা করি। এই ভাবে জীবনের শুরুর থেকেই আমরা তাদের সফলতার পথ অবরুদ্ধ করে তুলি! প্রায়ই মাতা-পিতারা বাচ্চাকে প্রয়োজনের থেকে বেশী সুরক্ষা প্রদান করার চেস্টা করেন এবং তার ক্ষমতার থেকে অনেক বেশী কিছু আশা করেন... পরিণামস্বরূপ, বাচ্চা প্রতিযোগিতার আঘাত সহ্য করতে পারে না! এই বিরোধাভাষের থেকে বাঁচার জন্য নিম্নলিখিত বিষয়গুলির দিকে নজর দিন... তবেই আপনার বাচ্চার ব্যক্তিত্ব বিকশিত হতে পারবে।

প্রথম পর্যায় ঃ সফলতার পথে আগত বাধা অতিক্রম করা ঃ এক আশ্চর্যজনক বিষয় হল, বাচ্চাকে সবার আগে মাতা-পিতার সম্মুখীন হতে হয়। শৈশবে বাচ্চার কাছে শ্রেষ্ঠত্বের প্রতীক হয়ে ওঠেন তার মাতা-পিতা। তাঁরা সেই সমস্ত কাজ করতে পারেন... যা সে করার অনুমতি পায় না! তাই আত্মবিশ্বাসী হওয়ার জন্য তাকে নিজেকে জয় করতেই হবে – কোন-না-কোন পরিস্থিতিতে মাতা-পিতার অনুমতিকে লঙ্ঘন করতেই হবে।

আপনি হয়তো খেয়াল করে থাকবেন যে, যতক্ষন কোন বাচ্চা মাতা-পিতার সংরক্ষণে থাকে, ততক্ষন সে উন্নতি করতে পারে না... তাই নিজের বাচ্চার কাছে পরাজিত হওয়ার জন্য প্রস্তুত হয়ে পড়ুন।

কিন্তু মনে রাখবেন... এই জয় যেন সে কস্ট করেই সংগ্রহ করে... সেটা যেন সে সহজে প্রাপ্ত না করে!

> idea
> **বাচ্চাদের নিজের মাতা-পিতার সীমা লঙ্ঘন করতে হবে... সেটাকে পার করতেই হবে!**

দ্বিতীয় পর্যায় ঃ সন্তুলিত আশা ঃ আপনার বাচ্চার ব্যক্তিত্ব বিকাশের ক্ষেত্রে আপনার আশা যথেষ্ট গুরুত্ব রাখে! এটা দু-ফলা তলোয়ারের মতহয়... যেটা আপনার বাচ্চাকে হয় জয়ী করবে, নয়তো একেবারে হতাশ করে তুলবে! আপনি যদি নিজের বাচ্চার থেকে অনেক বেশী আশা করেন এবং সে যদি সেটা পূরণ করতে না পারে... তবে সে হীণমন্যতায় ভুগবে! অন্য দিকে, যদি আপনি খুব কম আশা করেন... তাহলে তার এমনটা মনে হবে যে, সে কোন কাজের নয়... ফলে তার ব্যক্তিত্ব চাপা পড়ে যাবে!

তো আশার ব্যাপারে কি ভাবে সন্তুলন বজায় রাখবেন? আপনার 60% থেকে 70% আশা এমন হওয়া উচিত... যেটা বাচ্চা সহজেই পূরণ করতে পারবে!

LOOK

আশাই শিশুর ব্যক্তিত্ব ফুটিয়ে তুলতে পারে বা চাপা দিতেও পারে! আপনার 60% থেকে 70% আশা এমন হওয়া উচিত... যেটা বাচ্চা সহজেই পূরণ করতে পারবে!

তৃতীয় পর্যায় ঃ আদর্শ বাবা-মা / কোচ হোন্ ঃ আদর্শ বাবা-মা হওয়ার জন্য সঠিক ন্যায় ক্ষমতা থাকা উচিত! অনেক সময় এই ভূমিকা পালন করা কঠিন হয়ে ওঠে! আসুন... দেখা যাক, কি ভাবে এই ভূমিকা পালন করা যায়? এখানে আপনাকে এক সফল কোচের ভূমিকা পালন করতে হবে! এক সফল কোচ নিজের টীমকে লক্ষ্য

SUCCESS

উপলব্ধি সেই কাজ করে... যেটা আপনার পছন্দ আর যেটা নিজের কাজের প্রতি আকর্ষণ থেকে প্রাপ্ত হয়!

উঁচুতে রাখতে, কড়া মেহনত করতে এবং নিজের কাজ থেকে আনন্দ প্রাপ্ত করার প্রেরণা প্রদান করেন!

দেখুন, আপনাকে ঠিক কি করতে হবে ঃ-

01. অংশীদারী ঃ- আপনাকে বাচ্চাকে সময় দিতে হবে! এক্ষেত্রে সময়ের মাত্রা নয়... গুণবত্তার দিকে দৃষ্টি দিতে হবে। আপনাকে তার স্কুল, বন্ধু আর আশপাশের পরিবেশ সম্পর্কেও জানতে হবে।

02. সত্যতা ঃ- আমার ক্লিনিকে যে সব মাতা-পিতারা আসেন, তাঁরা প্রায়ই বাচ্চাদের মিথ্যে কথা বলে শান্ত করার চেস্টা করেন – *"আজ খেয়ে নাও... কাল থেকে আর দেব না!"... "এই ইঞ্জেকশন তোমাকে দেওয়া হবে না!"* এমন মিথ্যার কারণে বাচ্চা মা-বাবাকে বিশ্বাস করতে পারে না। বাচ্চাকে মিথ্যে বলে নিজের মর্যাদা হারাবেন না।

03. স্পষ্টতা ঃ- বাচ্চাকে যেটাই বলবেন, পরিস্কার ভাবে বলুন। কোন কাজের ব্যাপারে আপনি কি চান... সেটা স্পষ্ট ভাবে আপনার বাচ্চাকে জানাতে হবে... তাকে শাস্তি আর পুরস্কারের কথাও জানান। মা-বাবার নির্দেশের ক্ষেত্রে কোন রকম মতপার্থক্য থাকা চলবে না।

04. পারস্পরিক সহযোগিতা ঃ- বাচ্চার সাথে বাবা-মাকে এক টীমের রূপে কাজ করতে হবে। বাচ্চাকে জিজ্ঞাসা করে, তার সাথে আলোচনা করে তবেই কোন নির্ণয় নিন। ছোট বলে তার অনুচিত লাভ ওঠাবেন না। তার সাথে যুক্ত যে কোন সিদ্ধান্তের ক্ষেত্রে তার মতামত অবশ্যই নিন।

05. কাজ দেওয়া ঃ- কাজ দেওয়ার অর্থ হচ্ছে এই যে, আপনি তার ওপরে কোন দায়িত্ব অর্পন করছেন... তাকে স্পস্ট ভাবে বুঝিয়ে দিন যে, তাকে কি করতে হবে? সেই কাজটা করার জন্য তাকে সম্পূর্ণ স্বাধীনতা দিন। ছোটবেলা থেকেই

বাচ্চাদের কাজের দায়িত্ব সঁপে দেওয়ার অভ্যাস গ্রহণ করুন; যেমন – নিজের জন্য কিছু কেনা বা টাইম টেবিল বানানো... খাওয়ার টেবিল সাজানো। এই সময় সে কেমন কাজ করছে, উঁকি মেরে দেখার চেষ্টা করবেন না। যদি

LOOK

টেবিল সাজানোর সময় দুটো গ্লাস ভেঙেও যায়, তাহলেও এমন কিছু ক্ষতি হবে না।

খাওয়ার টেবিল সাজানোর সময় দুটো গ্লাস ভেঙেও যায়, তাহলেও এমন কিছু ক্ষতি হবে না। কিন্তু আপনার বাধার ফলে তার ভরসা একেবারে ভেঙে গেলে ফলে তার ব্যক্তিত্ব চুরচুর হয়ে পড়বে!

06. লক্ষ্য নির্ধারণ এবং টাইম টেবিল তৈরী ঃ- বাচ্চাকে টাইম টেবিল বানানো এবং জবাবদেহী করার অভ্যাস করান!

07. তার দৃষ্টিভঙ্গী জানার চেষ্টা করুন ঃ- আপনাকে তার দৃষ্টিভঙ্গী দ্বারাই প্রতিটা বিষয় জানতে হবে। তবেই আপনি বাচ্চার ছোট-ছোট কথা জানতে পারবেন *(ক্লাসে সে সহপাঠীর কাছে হেরে গেছে)*! আপনার কাছে বিষয়টি এমন কিছুই গুরুত্বপূর্ণ নয়... কিন্তু তার কাছে এটা জীবন-মরণ সমস্যা!

08. সম্মান পাওয়া ঃ- সব চেয়ে গুরুত্বপূর্ণ বিষয় হল, আপনাকে নিজের জন্য সম্মান জয় করে নিতে হবে! কাজটি খুবই মুশ্কিল... কিন্তু বাচ্চা যদি আপনার সম্মান করে, তবেই সে আপনার মূল্যবোধকে

সম্মান করবে। আপনি তার কাছ থেকে এই সম্মান না কিনতে পারবেন, না চাইতে পারবেন। এটা আপনাকে উপার্জন করতেই হবে।

যদি আমরা এমন কোন কাজ করি... যার ফলে আমরা বাচ্চার চোখে ছোট হয়ে যাব... তাহলে তার ফলে আমরা শুধু যে বাচ্চার চোখে সম্মান হারিয়ে ফেলি, তাই নয়... বরং বাচ্চার ব্যক্তিত্ব বিকাশের ক্ষেত্রেও বাধার সৃষ্টি হয়।

LOOK

বাচ্চাদের অতীতের সফলতার কথা মনে করিয়ে ভালো ভাবে প্রেরিত করা যেতে পারে!

এক আদর্শ বাবা-মা হওয়ার জন্য আপনাকে এটা জানতে হবে যে. বাচ্চা সর্বদা আপনাকে দেখেই চলে! সে চেতন বা অবচেতন মনে আপনাকে অনুকরণ করে! আপনার কাজের হিসেবেই আপনার সম্মান বাড়ে বা কমে... সুতরাং কিছু করার আগে বা বলার আগে সাবধান থাকবেন!

❑

পরীক্ষায় সফলতা এবং আপনার আহার

আপনি হয়তো এটা লক্ষ্য করে থাকবেন যে, ক্লাসের অতি সাধারণ মানের ছাত্ররাও বার্ষিক পরীক্ষায় খুব ভালো ফল করে বা কিছু ছাত্রের ওজন পরীক্ষার সময় হঠাৎ করে বেড়ে ওঠে !

মেডিক্যাল কলেজে লেখাপড়া শেষ করার পর যখন আমি শিশু বিশেষজ্ঞ হিসেবে কাজ করা শুরু করি... তখন আমি এটা অনুভব করি যে, কিছু ছাত্রের ওজন প্রায়ই কেন কমে-বাড়ে। অদের ডায়েটই তার সব চেয়ে বড় কারণ হয় !

প্রথম পর্যায় ঃ খাদ্য এত গুরুত্বপূর্ণ হয় কেন ?

মস্তিস্ক আমাদের শরীরের রাজা হয় ! জঙ্গলের রাজার মতন এটিও সংগৃহীত বা বাসী খাবার খায় না... শরীরের বাকী অঙ্গগুলো তো গ্লাইকোজন *(সংগৃহীত পুষ্টি)* দিয়ে কাজ চালিয়ে নেয়... কিন্তু মস্তিস্ক সতেজ ক্যালোরী পাওয়ার পরই উন্নততর প্রক্রিয়ায় কাজ করতে সক্ষম হয়।

মস্তিস্ক সংগৃহীত বা বাসী ভোজন করে না... এর কেবল সতেজ ক্যালোরী প্রয়োজন হয় !

সতেজ ক্যালোরীর অর্থ হল – *"আগের ভোজন থেকে প্রাপ্ত ক্যালোরী"* ! সংগৃহীত খাদ্য পাওয়া সত্ত্বেও মস্তিস্ক ক্ষুধার্ত থেকে যায়। এটি সতেজ ক্যালোরী না পেলে বেকার

হয়ে যায়।

দ্বিতীয় পর্যায় ঃ কি খাবেন ?

পরীক্ষার দিন এমন খাদ্য গ্রহণ করবেন... যাতে সতেজ ক্যালোরীর সাথে-সাথে প্রোটিন, খনিজ লবন এবং ভিটামিন ভরপুর মাত্রায় থাকে। আমাদের সর্বদা সন্তুলিত খাদ্য গ্রহণ করা উচিত... কিন্তু কার্বোহাইড্রেট্সের প্রতিও দৃষ্টি দেওয়া জরুরী হয়... কারণ শরীরে ব্লাড গ্লুকোজের স্তর কমে আসতেই মস্তিস্কের কার্যক্ষমতাকে প্রভাবিত হয়ে পড়ে! আপনি সজাগ থাকা সত্ত্বেও একাগ্রতা কমতে থাকে। ব্লাড গ্লুকোজের মাত্রা আরও একটু কমে এলে পড়াশোনা তো করা যায়... কিন্তু মস্তিস্ক সেটাকে দীর্ঘকালীন স্মৃতিতে সুরক্ষিত রাখতে পারে না। কয়েক দিন বাদে আপনি আর কিছুই মনে করতে পারবেন না। এই ভাবে ধীরে-ধীরে এমন পরিস্থিতির সৃষ্টি হয়... যখন কিছু পড়লেও তা মাথায় ঢোকে না!

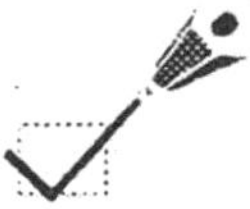

এই সময় কার্বোহাইড্রেট্সের ওপরে দৃষ্টি দিন... কারণ মস্তিস্ক সর্বদা সতেজ ক্যালোরী চায়! শরীরে ব্লাড গ্লুকোজের স্তর কমে এলে মস্তিস্কের স্মৃতিশক্তিও কমে আসতে থাকে!

তৃতীয় পর্যায় ঃ খাদ্যের মাত্রা

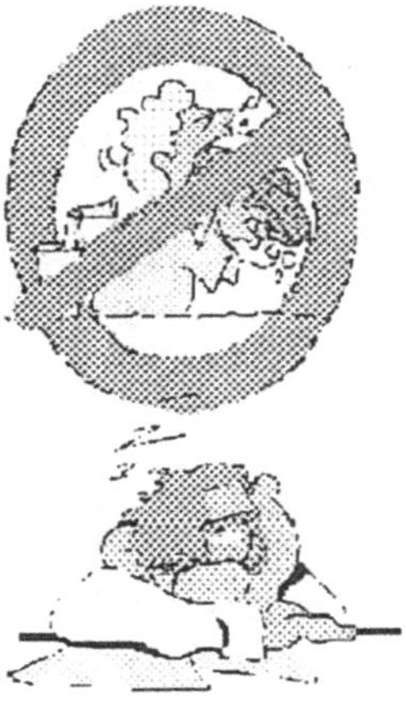

আপনি যদি খুব ভারী ভোজন করেন, তবে সেটা হজম হতে সময় লাগে এবং মস্তিস্ক ভারী হয়ে ওঠে! কেন? বেশীর ভাগ রক্ত তখন খাবার হজম করতেই ব্যস্ত হয়ে ওঠে। ফলে মস্তিস্ক পর্যন্ত যে রক্ত যায়, সেটার মাত্রা 20% পর্যন্ত কমে আসে এবং আপনার ঘুম আসতে থাকে! আপনাকে কিছুটা সময় পরে-পরে সতেজ ক্যালোরী গ্রহণ করতে হবে। পরীক্ষার সময় ডায়েটিং-য়ের কথা মাথায় আনবেন না।

চতুর্থ পর্যায় ঃ- কফি + কার্বহাইড্রেট দ্বারা মধ্যম ক্যালোরী *(ক্যালোরী বা প্রোটিন যুক্ত হাল্কা স্ন্যাক্স)*!

– প্রাতঃরাশে উচ্চ প্রোটিন + মধ্যম ক্যালোরী! এতে প্রোটিনের মাত্রা বেশী থাকতে হবে – 2 - 3 ডিম খান *(যদি ডিম না খান তবে ডাল / সোয়াবীন খেতে পারেন)*!

– ব্রাঞ্চে ফল + কার্বোহাইড্রেট দ্বারা মধ্যম ক্যালোরী *(ফল বা বানানো কোন খাবার, যেমন – কর্ণ ফ্লেক, ন্যুডল্স এবং স্যাণ্ডউইচ প্রভৃতি)*!

– লাঞ্চে মধ্যম প্রোটিন এবং ফ্যাট + কার্বোহাইড্রেট দ্বারা মধ্যম ক্যালোরী *(ডাল, সব্জী, দই আর স্যালাড – সন্তুলিত মাত্রায়)*!

– সন্ধ্যার চায়ে কম প্রোটিন / ফ্যাট + কার্বোহাইড্রেট দ্বারা মধ্যম ক্যালোরী *(মনের মতন সব্জী, দই, রুটি বা ভাত ইত্যাদি)*!

LOOK

যদি রাতে পড়তে বসতে হয়... তাহলে ডিনারে প্রোটিন না নিয়ে কেবল কার্বোহাইড্রেট দ্বারা মধ্যম ক্যালোরী নিন!

আপনি এটা দেখতে পাবেন যে, আমি প্রতি দিনের পোষণকে 6 থেকে 7 ভাগে ভাগ করে দিয়েছি! এতে আপনি সম্পূণ পুস্টি পাবেন আর এর ফলে মস্তিস্ক ক্রমাগত সতেজ ক্যালোরীও প্রাপ্ত করবে!

পঞ্চম পর্যায় ঃ সফলতা বৃদ্ধিতে সহায়ক সাপ্লিমেন্ট (পূরক আহার) ঃ কিছু পূরক আহার সফলতা বৃদ্ধিতে সাহায্য করে থাকে। এটা দুই প্রকারের হয় ঃ

01. পোষক পূরক আহার ঃ- এই প্রোটিন সাপ্লিমেন্ট বেসন, সোয়াবীন, মাংস এবং ডিমের রূপে হয়! এগুলো প্রোটিনের ভালো উৎস হয়! বেশী মাত্রায় না খেলেও এতে শক্তি আর প্রোটিনের মাত্রা ভরপুর থাকে! নিরামিষাশী ব্যক্তিদের গমের আটার সাথে

সোয়াবীনের আটা *(সোয়াবীন ঃ গম = 1 : 7)* মিশিয়ে খাওয়া উচিত! আপনি যদি এটা ভরপুর মাত্রায় না নিতে পারেন... তবে দুধের বি প্রোটিন / প্রোটিনেক্স বা এন্‌শিয়্যোর মিশিয়ে পান করুন *(অর্দ্ধেক গ্লাস দুধে / জলে 4 - 6 চামচ)*!

02. সহায়ক পূরক ঃ- এটি খাওয়ার পরে গ্রহণ করা উচিত। এই মিষ্টি পোষক পদার্থে আয়রণ এবং অন্যান্য পোষক তত্ত্ব ভরপুর মাত্রায় থাকে! এতে নিম্নলিখিত শামিল থাকে ঃ বেসনের মিষ্টি, খেজুর, মধু, গ্লুকোজ, গুড় বা চিনি, গজ্জক, আমলকীর মোরব্বা!

ষষ্ঠ পর্যায় ঃ ঔষধ

আমি এমনিতে এমনটা মনে করি না যে, পড়াশোনার উৎপাদকতা বৃদ্ধির জন্য কোন ঔষধের প্রয়োজন আছে! স্মরণশক্তি বৃদ্ধি করার ক্ষেত্রে কোন ঔষধই তেমন প্রভাবশালী হয় না। তবুও সকাল-সন্ধ্যায় ব্রাহ্মী ক্যাপসুল খেতে পারেন। এতে মস্তিস্ক সজাগ থাকবে... একাগ্রতা বৃদ্ধি পাবে এবং পাঠ্য বিষয় মনে রাখতে সহায়তা প্রাপ্ত হবে!

দ্বিতীয় হচ্ছে – *'বি কাম্প্লেক্স'* ক্যাপসুল! এটাও প্রভাবশালী হতে পারে! যাঁরা ফল / সব্জী পর্যাপ্ত মাত্রায় খান না... তাঁদের জন্য এটা অত্যন্ত জরুরী হয়!

এমনিতে সতেজ পোষক তত্ত্বে পরিপূর্ণ সম্পূর্ণ আহারই যথেস্ট হয়! সেটাই নেওয়ার চেস্টা করুন!

❑

পরীক্ষায় সফলতার জন্য ব্যায়াম

প্রথম পর্যায় ঃ ব্যায়াম কেন করবেন ?

যে সমস্ত ছাত্র-ছাত্রীরা পরীক্ষার জন্য প্রস্তুতি নেয়, তাদের একটা পরামর্শ দেওয়া হয় – *"পেশীগুলিকে বিশ্রাম দাও... মস্তিষ্কের কোষগুলি (সেল)-কে পরিশ্রম করাও!"* কিন্তু আমি সর্বদা এটাই দেখেছি যে, একটু-আধটু শারীরিক ব্যায়াম না করার কারণে আমার পড়াশোনা করার যোগ্যতা তো কমে গিয়েছিল আর সেই সাথে ওজনও একটু বৃদ্ধি পেয়েছিল ! মেডিক্যাল কলেজে ভর্তি হওয়ার পর, আমি আমার কিছু বন্ধুদের ক্ষেত্রেও এই জিনিষটাই দেখেছিলাম !

পরে যখন এই সম্পর্কিত বই পড়ি... তখন এটা জানতে পারি যে, ব্যায়াম একটা দু দিকে ধারওয়ালা তলোয়ারের মত কাজ করে। যদি শারীরিক ব্যায়াম না করা হয়, তবে মস্তিস্ক তীক্ষ্ণ হয়ে ওঠে... কিন্তু যদি নিদ্ধারিত সীমায় তা না করা হয়, তবে ক্লান্তি এবং অলসতা ঘিরে ফেলে !

আমি আগেই *'আহার'* অধ্যায়ে একথা বলেছি যে, মস্তিস্কের ভালো প্রদর্শনের জন্য অক্সিনেশন এবং রক্ত প্রবাহের আবশ্যকতা হয় ! ব্যায়াম করলে মস্তিস্কের এই দুটি আবশ্যকতার পূরণ হয় !

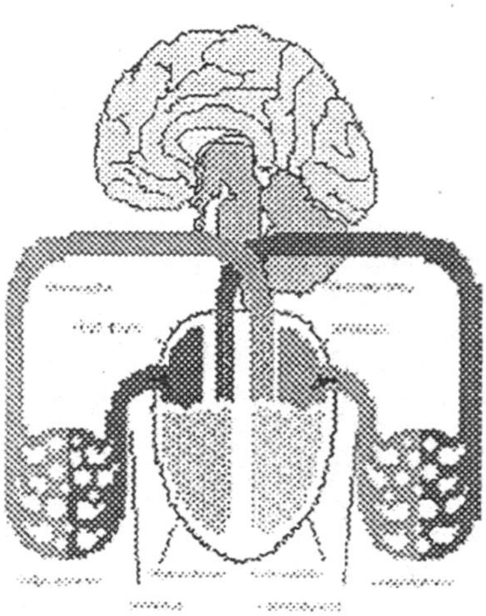

এ্যারোবিক ব্যায়াম দ্বারা আমাদের শরীরের বি. এম. আর. *(BMR - Basal Metabolic Rate)*

4 ঘন্টা থেকে শুরু করে বেশ কিছু দিন পর্যন্ত বেড়ে ওঠে! বি. এম. আর. শক্তির সেই মাত্রা হয়... যেটা বিশ্রাম করার সময় আমাদের শরীর খরচ করে! অর্থাৎ যখন আমাদের শরীরের মাংসপেশীগুলো কাজ করে না... তখন শরীরের আভ্যন্তরীণ অঙ্গগুলোকে চালানোর জন্য এই শক্তির প্রয়োজন হয়! বি. এম. আর. বেড়ে উঠলে, শরীরের অঙ্গগুলো বেশী মাত্রায় অক্সিজেন আর পোষক তত্ত্ব প্রাপ্ত করে... যার ফলে আমাদের বোধগম্যতা আর স্মরণ শক্তি বৃদ্ধি পায়!

দ্বিতীয় পর্যায় ঃ কেমন ব্যায়াম করবেন? এ্যারোবিক বা কার্ডিয়ো-ভাস্কুলার ব্যায়াম করা উচিত... যাতে হৃদ্‌স্পন্দন আর শ্বসন গতি – দুটোই বৃদ্ধি পায়। ব্যায়াম এতটা কড়া হওয়া উচিত, যাতে আপনার বি. এম. আর. পর্যাপ্ত মাত্রায় বাড়তে পারে! হৃদ্‌স্পন্দন আর শ্বাস গতি 10 - 20 মিনিট বেড়ে থাকলে আরও ভালো! দয়া করে ওজন ওঠানোর আর ছোটাছুটি করার ব্যায়াম করতে যাবেন না... এগুলো মাংসপেশীকে ক্লান্ত করে তোলে! এর ফলে মাংসপেশীগুলোয় পর্যাপ্ত মাত্রায় ল্যাক্টিক এ্যাসিড জমা হয়ে পড়ে আর আপনি যখন পড়তে বসেন... তখন মাংসপেশীগুলো অতিরিক্ত রক্তের দাবী জানাতে থাকে... যেটা মস্তিষ্কের রক্ত প্রবাহ থেকে নেওয়া হয়!

তৃতীয় পর্যায় ঃ কতটা ব্যায়াম করা উচিত? এটা প্রত্যেক ব্যক্তির ক্ষেত্রে আলাদা-আলাদা হয়! একজন বডি বিল্ডার তো প্রতি দিন

ব্যায়াম না করলে মস্তিষ্কের ক্ষমতা কমে আসে... কিন্তু প্রয়োজনের তুলনায় বেশী ব্যায়াম করলে অলসতা আর ক্লান্তি চেপে ধরে!

100-রও বেশী ডন-বৈঠক লাগিয়েও ক্লান্ত হবেন না... কিন্তু আরামদায়ক জীবন কাটাতে থাকা ব্যক্তিরা তো 15 - 20 মিনিটেই প্রচণ্ড ক্লান্ত হয়ে পড়বেন... এজন্য তাঁদের 10 মিনিটের দৌড় বা 20 মিনিট দ্রুত গতিতে হাঁটার মত হাল্কা ব্যায়াম করা উচিত!

চতুর্থ পর্যায় ঃ ব্যায়ামের আদর্শ দিনচর্যা কি হওয়া উচিত?

এখানে আমি একটা সহজ নমুনা দিচ্ছি ঃ

সকালে ঃ- সামান্য যোগা বা প্রাণায়াম বা শ্বসনের ব্যায়াম করাটা ঠিক হবে! এক জায়গায় দাঁড়িয়ে ছোটার মত এ্যারোবিক ব্যায়ামও শামিল করতে পারেন! এতে রক্ত প্রবাহ আর অক্সিজেন গ্রহণ ক্ষমতায় উন্নতি আসবে!

> **SUCCESS**
> **পরীক্ষার এক দিন আগে – ডিনারের পরে 20 মিনিট হাল্কা পায়চারী আপনার মেটাবোলিজম্ বাড়িয়ে তুলবে!**

সন্ধ্যায় ঃ- বি. এম. আর. কমে আসতে থাকলে সেটাকে বাড়ানোর জন্য এ্যারোবিক ব্যায়াম; 10 - 15 মিনিট পায়চারী করুন! এর ফলে বেশ কয়েক ঘন্টা পর্যন্ত রক্ত প্রবাহ সুচারু হয়ে থাকবে! এমনিতে এটা পড়াশোনা করার পরেই করা উচিত!

বেশী রাত পর্যন্ত পড়াশোনা করতে থাকা ছাত্র-ছাত্রীদের আমি ডিনারের পরে 20 মিনিট পায়চারী করার পরামর্শ দেব! খাবার হজম করার জন্য আন্ত্রগুলো বেশী রক্ত প্রবাহের দাবী জানাতে থাকে... যার ফলে মস্তিস্ক অলস হয়ে পড়ে! পায়চারী করলে আপনার মেটাবোলিজম্ উন্নত হয়ে উঠবে!

❑

পড়ার পরিবেশ... যাতে আপনি জিততে পারেন!

সবার আগে তো আপনাদের এটা বুঝতে হবে যে, পড়াশোনা করার পরিবেশ বিভিন্ন ব্যক্তির ক্ষেত্রে আলাদা-আলাদা হতে পারে *(যার মধ্যে শান্ত-একান্ত পরিবেশ থেকে শুরু করে মিউজিক পর্যন্ত শামিল রয়েছে)*! এমনিতে আমি এখানে আপনাদের কিছু বিশেষ নিয়মের ব্যাপারে জানাতে চলেছি... যেগুলো পড়াশোনার একাগ্রতাকে দীর্ঘ সময় পর্যন্ত বজায় রাখতে সহায়ক হতে পারে!

প্রথম পর্যায় ঃ পড়াশোনার আদর্শ পরিবেশ কি?

01. পড়াশোনার পরিবেশ সম্পূর্ণ রূপে শান্ত হওয়া উচিত! বিভিন্ন অধ্যয়ণ থেকে এমনটা জানতে পারা গেছে যে, একান্ত স্হানে পড়াশোনা করলে কেবল যে পাঠ্য বিষয় ভালো ভাবে বোঝা যায়, তাই নয়... সেটাকে দীর্ঘ সময় পর্যন্ত মনে রাখার ক্ষমতাও বেড়ে ওঠে! যে কোন ধরণের চিৎকার-চেঁচামেচিতে মানসিক ক্লান্তি বেড়ে ওঠে!

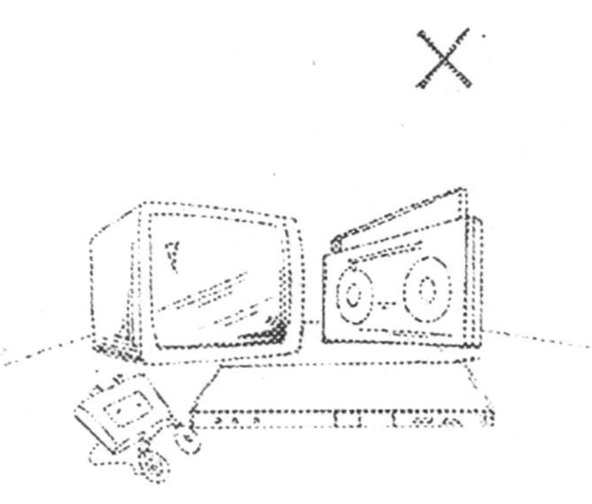

02. দ্বিতীয়তঃ, পড়াশোনা করার স্হান পরিস্কার-পরিচ্ছন্ন এবং ব্যবস্হিত হওয়া উচিত! পড়ার জায়গায় অব্যবস্হা ছড়িয়ে থাকলে মস্তিস্ক সহজে কেন্দ্রীভূত হতে

পারে না!

03. যখনই পড়তে বসবেন, বই-পত্র, খাতা, পড়ার অন্যান্য সামগ্রী *(পেন-রবার ইত্যাদি)* সব কিছু নিয়ে বসবেন... অন্যথা বার-বার সেই সব জিনিষ আনার চক্করে আপনার অনেকটা সময় খারাপ হবে আর একাগ্রতাও ভঙ্গ হবে!

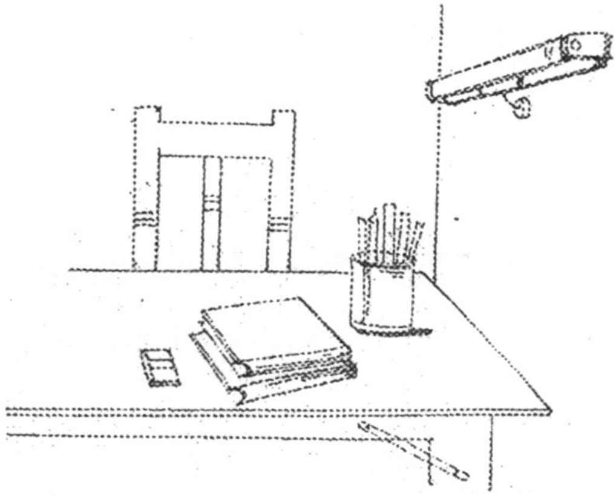

04. পড়াশোনার স্হানে যেন পর্যাপ্ত আলো থাকে আর কামরা যেন যথেষ্ট হাওয়াদারও হয়! যেসব লোকেদের পড়ার ঘর হাওয়াদার হয় না এবং পর্যাপ্ত আলোরও ব্যবস্হা থাকে না... তাঁরা প্রায়ই চোখের ওপরে বেশী চাপ পড়ার কারণে এবং অক্সিজেনের অভাবের কারণে মাথার যন্ত্রণা আর একাগ্রতা শক্তির অভাবের অভিযোগ করতে থাকেন! পড়ার ঘরে এমন এক সি.এফ.এল. লাগান... যেটা বই-য়ের ওপরে আলো দেবে! চোখের ওপরে আলো পড়া উচিত নয়... এতে আপনার চোখ দ্রুত ক্লান্ত হয়ে উঠবে!

দ্বিতীয় পর্যায় ঃ পড়ার সময় কি-কি হওয়া উচিত নয়?

পড়ার সময় কিছু বিশেষ জিনিষ আপনার মনোযোগ আকৃষ্ট করতে পারে! সেগুলো হচেছ ঃ-

01. পড়ার ঘরে কোন ফিল্মী হীরো / হিরোয়িন বা ক্রিকেটারের পোষ্টার যেন না থাকে!

02. যেন শব্দ দূষণ না হয় অর্থাৎ আপনার পড়ার ঘরে যেন কোন মিউজিক সিস্টেম, এম.পি. 3, ডি.ভি.ডি. প্লেয়ার ইত্যাদি না থাকে!

03. পড়ার ঘরে কোন ঘড়ি রাখবেন না! এমনটা শুনতে কিছুটা অদ্ভূত লাগলেও এটা সত্যি যে, পড়ার ঘরে ঘড়ি থাকলে, আপনার মনোযোগ বার-বার সেদিকে চলে যাবে আর সময় নষ্ট হবে! আপনি সব সময় এটাই

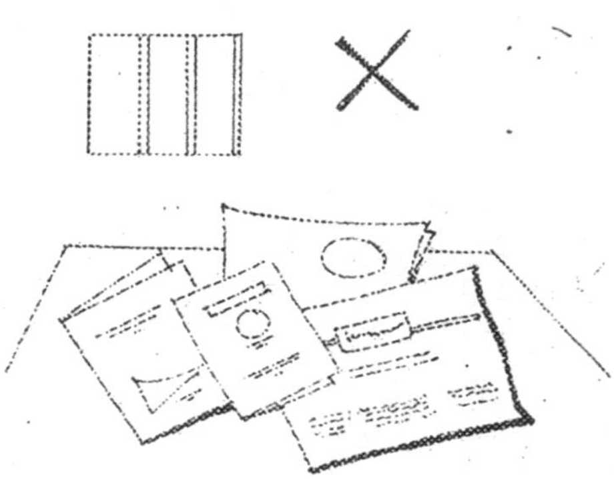

দেখতে থাকবেন যে, কতটা পড়া বাকী রয়ে গেল! ঘড়ি যদি রাখতেই হয়... তাহলে পিঠের পেছন দিকে লাগান!

04. পড়ার টেবল থেকে সমস্ত উপন্যাস, পত্রিকা, খবরের কাগজ সরিয়ে ফেলুন... কারণ সেগুলোর ওপরে চোখে গেলেই আপনার মনোযোগ অন্য দিকে চলে যেতে পারে!

05. পড়ার ঘরে যেন কোন জানলা না থাকে... যেটা রাস্তার দিকে খোলে... এর ফলেও মনোযোগ বিঘ্নিত হয়!

তৃতীয় পর্যায় ঃ বসার ভঙ্গী ঃ

বসার স্হিতি ঃ সর্বদা দেওয়ালের দিকে মুখ করে বসুন, যাতে আপনার মনোযোগ বিঘ্নিত না হয়! স্টীফেন কিংস-ও এমনটা বলেছেন – *"লেখালেখির গুরুত্বপূর্ণ কাজ বন্ধ দরজার ভেতরেই হতে পারে!"*

বসার ভঙ্গী ঃ- বজ্রাসনের মুদ্রায় বসুন বা ধ্যান মুদ্রা লাগান! বেশী সময় পর্যন্ত চেয়ারে পা ঝুলিয়ে বসলে মাস্তিষ্কের দিকে রক্ত প্রবাহ কমে আসতে পারে!

প্রয়োজনের থেকে বেশী আরামদায়ক মুদ্রায় বসলে আপনার ঘুম এসে যেতে পারে! পড়তে বসার সময় মেরুদণ্ডের হাড় সোজা রাখার জন্য খুব বেশী উঁচু বা খুব বেশী নীচু টেবিলে পড়তে বসা উচিত নয়! চেয়ারে বসলে হেলান দেওয়ার জন্য কুশনের প্রয়োগ করুন! চোখ আর বই-য়ের মাঝের দূরত্ব 30 সেমি. হওয়া উচিত, যাতে চোখের ওপরে জোর না পড়ে *(স্কেলের সহায়তায় এই দূরত্ব মাপুন)*!

SUCCESS

দেওয়ালের দিকে মুখ করে; বজ্রাসন বা ধ্যান মুদ্রায় বসে পড়ুন!

এই সব জিনিষগুলো মাথায় রেখে পড়লে আপনিও বিজেতাদের শ্রেণীতে চলে আসতে পারবেন!

পড়ার আদর্শ সময়

প্রত্যেক ব্যক্তির কাজ করার সময় প্রাকৃতিক রূপে আলাদা-আলাদা হয়! এই প্রবৃত্তি ছোট বয়স থেকেই মানুষের মধ্যে গড়ে ওঠে... কারণ এটা জেনেটিক হয়... এটাকে লাগাতার অভ্যাস দ্বারা বীলানো যেতে পারে! আমরা মোটামুটি ভাবে লোকেদের দুটি শ্রেণীতে ভাগ করতে পারি! এক শ্রেণীর লোক হচ্ছেন তাঁরা... যারা সকালে তাড়াতাড়ি ঘুম থেকে উঠে উৎপাদক ঘন্টা প্রদান করতে পারেন আর দ্বিতীয় শ্রেণীর লোক হচ্ছেন তাঁরা... যাঁরা সন্ধ্যায় সূর্য্য ডোবার পর উৎপাদক ঘন্টা প্রদান করতে পারেন!

প্রথম পর্যায় ঃ নিজেকে চিনুন

আপনাকে এটা জানতে হবে, যে আপনি কোন্ শ্রেণীতে পড়েন! তবেই আপনি সঠিক ক্ষমতার সদ্ব্যবহার করতে পারবেন! এমনিতে অনেক ছাত্র এমনটা মনে করে যে, তাদের সেই সময় পড়া উচিত... যখন পড়ার মুড হবে! অবশ্য কেউ-কেউ ব্যতিক্রমও হয় – যারা সকাল থেকে রাত পর্যন্ত মাঝে-মাঝে ব্রেক দিয়ে পড়াশোনা করে আর ভালো পরিণামও প্রাপ্ত করে!

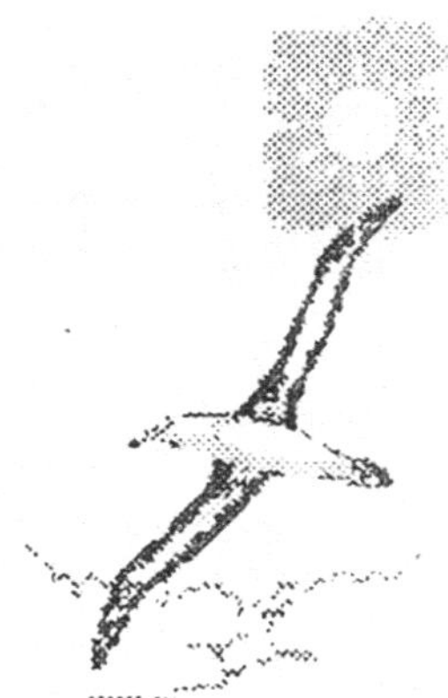

সবার আগে পড়ার সময় নির্দিষ্ট করে নিয়ে সেটাকে নিজের দিনচর্যায় শামিল করে নিন! দেখবেন যে, ধীরে-ধীরে আপনার সেই সময় পড়ার মুড তৈরী হচ্ছে!

কিছু লোক সকালের দিকে উৎপাদক ঘন্টা প্রদান করতে পারেন, তো কেউ সূর্য ডোবার পরে! আমরা সকালে তাড়াতাড়ি ঘুম থেকে ওঠা লোকেদের *'লার্ক' (Lark)* পাখী আর সন্ধ্যায় উৎপাদক হয়ে ওঠা

লোকেদের *'প্যাঁচা'* *(Owl)*-র সংজ্ঞা দিতে পারি!

LOOK

মনুষ্য দু রকম হয় – **লার্ক** - যারা সকালের সময় বেশী উৎপাদক সময় প্রদান করেন আর **প্যাঁচা** - যারা দিন শেষ হওয়ার পরে বেশী উৎপাদক সময় প্রদান করেন!

দ্বিতীয় পর্যায় ঃ বিভিন্ন প্রকার কাজের শ্রেণী বিভাগ

আপনাকে পড়ার সাথে যুক্ত কাজ নির্দিষ্ট করতে হবে! পড়তে বসেও আপনাকে বেশ কয়েক প্রকারের কাজ করতে হবে; যেমন – নতুন অধ্যায় পড়া, সেগুলোর অর্থ বোঝা, পরীক্ষার জন্য রিভিশন করা, বোর্ড পরীক্ষার জন্য প্রোজেক্ট তৈরী করা, 2 - 3 বই থেকে নোটস্ বানানো, টেস্টের প্রস্তুতি নেওয়া ইত্যাদি! এবার আপনাকে প্রতিটি কাজের জন্য বাঞ্ছিত একাগ্রতা বা সজাগতার স্তর নির্দিষ্ট করতে হবে! এই সব কাজকে প্রাথমিকতা অনুসারে নির্দিষ্ট করতে হবে!

তৃতীয় পর্যায় ঃ প্রতিটি কাজের সময় নির্দিষ্ট করা

এবার আপনাকে প্রাথমিকতার হিসেবে প্রতিটি কাজের জন্য সময়ও নির্দিষ্ট করতে হবে! পড়া আর রিভিশন করার কাজকে প্রাথমিকতা দিয়ে, উৎপাদক ঘন্টাগুলোয় শেষ করুন! যে সময়ে আপনি সম্পূর্ণ রূপে

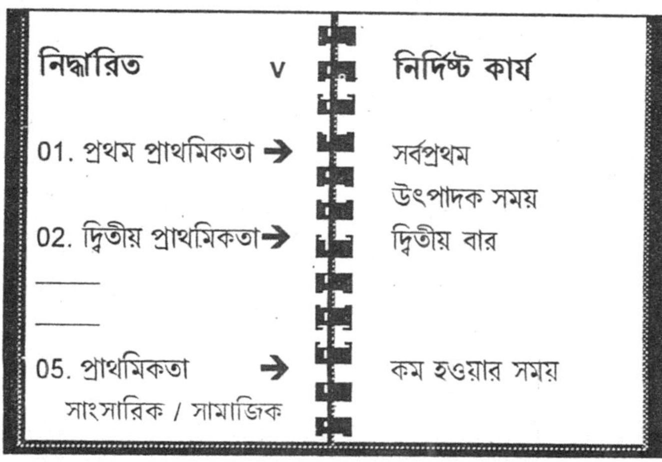

SUCCESS
কাজকে প্রাথমিকতা অনুসারে নির্দিষ্ট করলেই উৎপাদক ঘন্টায় গুরুত্বপূর্ণ কাজগুলো করা যেতে পারে!

উৎপাদক হবেন না... সেই সময় হোমওয়ার্ক করুন, নোটস্ বানান বা প্র্যাক্টিক্যাল ফাইলের কাজ শেষ করে নিন!

ভালো পরিণাম প্রাপ্ত করার জন্যও এই প্রাইম টাইমকে মাথায় রাখুন!

❑

সময় ব্যবস্হাপনা

আমরা সময়ের ব্যবস্হাপনা তো করতে পারি না... কিন্তু নির্দ্ধারিত সময়ের মধ্যে নিজেদের গতিবিধি ব্যবস্হিত করতে পারি! আমাদের নিজেদের কাজের প্রাথমিকতা নির্দিষ্ট করতে হবে! আমি আপনাদের এই ব্যাপারে একটা উদাহরণ দিতে চাই... যেটা আমি সি.ই.ও.-র ম্যানেজমেন্ট ওয়ার্কশপ থেকে শিখেছিলাম! আমাদের সকলকে এক মনোরম নদীর তীরে নিয়ে যাওয়া হয়েছিল আর আমাদের সকলের হাতে একটা করে বালতি দিয়ে তাতে বালি ভরার জন্য বলা হয়েছিল! আমরা এমনটা ভেবেছিলাম যে, এটা হয়তো এক প্রতিযোগিতা... যাতে এটা দেখা হবে যে, আমাদের মধ্যে কে প্রথমে বালতিতে বালি ভরতে পারে! আমরা বালতিতে দ্রুত বালি ভরে দিলে পরবর্তী নির্দেশ এল – *"এবার বালতিতে যতটা বেশী সম্ভব কাঁকড় ভরা যেতে পারে, ভরুন!"* বালতিতে যদিও জায়গা ছিল না... তবুও আমরা তাতে এতটা কাঁকড় ভরে দিলাম যে, এর পরে বালতিতে আর কিছু ভরার কোন সম্ভাবনাই ছিল না! এর পরে আমাদের অন্তিম নির্দেশ দেওয়া হল – *"আশপাশে যত ইঁট পড়ে রয়েছে, সেগুলো সব বালতিতে ভরুন!"* শুনতেই আমরা অবাক হয়ে চেঁচিয়ে উঠে বললাম – *"সেটা কি ভাবে সম্ভব হতে পারে?"* তখন নির্দেশকারী মুচকি হেসে উঠে বললেন – *"হ্যাঁ... আমাদের সাথে এই এক সমস্যা! এমনটা কল্পনা করুন যে, জীবনে আপনাদের ইঁটের জন্য 100 নম্বর... কাঁকড়ের জন্য 10 নম্বর দেওয়া হয় এবং বালির জন্য যদি কোন নম্বর না দেওয়া হয়... তাহলে আপনাদের মোট নম্বর কত হত?"*

এবার উনি অভ্যাসের পুনরাবৃত্তি করালেন... কিন্তু এবার সবার থেকে আগে বালতিতে ইঁট ভরার জন্য

বললেন! বালতি ভরে গেলে তাতে কাঁকড় ভরার জন্য বলা হল! বালতিতে কিছুটা কাঁকড় ভরার জায়গা ছিল! তারপর বালি ভরার জন্য বলা হল! কাঁকড়ের মাঝের খালি জায়গায় 4 - 5 কৌটো বালিও সহজে এসে গেল! সন্ধ্যায় উনি আমাদের বললেন – *"এটাই হচ্ছে জীবনের ক-খ-গ! যে জিনিষগুলিকে আপনারা সব চেয়ে গুরুত্বপূর্ণ বলে মনে করেন (যেমন – আপনাদের পরীক্ষা), সেগুলো হচ্ছে 'এ' গ্রেডের কাজ! এগুলোই হচ্ছে আপনাদের সব থেকে বড় প্রাথমিকতা! গ্রেড 'বি'-র কাজও করতে হবে... কিন্তু সেগুলো অনিবার্য নয়! গ্রেড 'সি'-র কাজ হচ্ছে এমন, যেগুলোর সাথে আপনাদের সফলতার কোন সম্পর্ক নেই! ফোনের ঘন্টি বা জন্মদিনের পার্টির মত এই সব কাজ সর্বদাই সময়ের দাবী জানায়... আপনাদের মনোযোগকে বিঘ্নিত করে তোলে আর জরুরী কাজগুলোয় লাগা মূল্যবান সময় বর্বাদ করে তোলে!"*

এখন এটা দেখা যাক যে, সময় ব্যবস্হাপনার সহায়তায় সকল কাজ কি ভাবে পূরণ হতে পারে!

> idea
> **বেশী ঘন্টা কাজ করার বদলে কম ঘন্টায় বেশী উৎপাদক কাজ করুন!**

প্রথম পর্যায় ঃ- নিজের উৎপাদক সময় (Prime Time)-য়ের ব্যাপারে জানুন! এটা জানার চেষ্টা করুন যে, আপনি সকালের দিকে বেশী উৎপাদক পদ্ধতিতে কাজ করতে পারেন, না সূর্যাস্তের পরে ভালো কাজ করতে পারেন!

দ্বিতীয় পর্যায় ঃ- নিজের প্রাথমিকতার সূচী প্রস্তুত করুন! এখানেও বেশী জরুরী কাজগুলোকে প্রাথমিকতা সূচীর সবার ওপরে রাখুন!

> **'গ' শ্রেণীর কাজ উৎপাদক সময়ে করবেন না!**

প্রথমে 'ক' শ্রেণীতে পরের সপ্তাহের পরীক্ষার প্রস্তুতি বা ক্লাসে করা আগের কাজগুলোর রিভিশন আসতে পারে! 'খ' শ্রেণীতে কাঁকড় গুরুত্বপূর্ণ হয়... কিন্তু ততটা আবশ্যক হয় না; যেমন – প্র্যাক্টিকাল ফাইল বা কোন প্রোজেক্ট তৈরী করা! শ্রেণী 'গ' – বালি; এটা হচ্ছে সেই কাজ, যেটা আপনারা 'ক' বা 'খ' শ্রেণীর কাজগুলো শেষ করার পরেও করতে পারেন বা পড়াশোনার ব্রেকেও করতে পারেন!

তৃতীয় পর্যায় ঃ- আপনাদের যদি এমনটা মনে হয় যে, আপনারা সময় মত কাজ শেষ করে উঠতে পারেন না... তাহলে সকল বাজের বিবরণ রাখুন! প্রাথমিকতা সূচী আপনাদের এটা জানাবে যে কে করতে হবে! টাইম লগ্ এটা জানাবে যে, আপনারা আসলে কি করেছেন আর কোন্-কোন্ প্রাথমিকতা বিহীন কাজগুলোকে উপেক্ষা করা যেতে পারত!

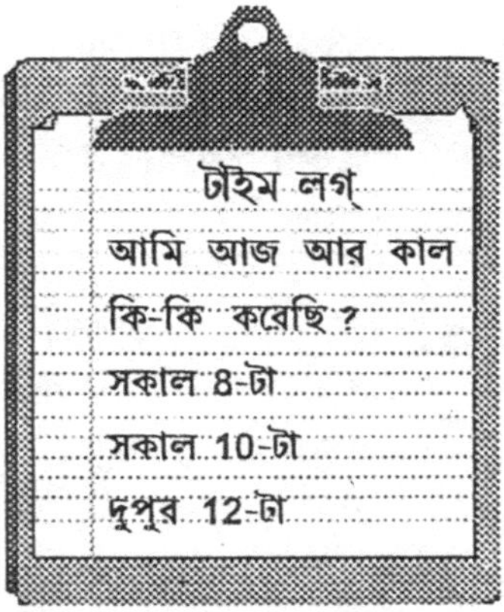

চতুর্থ পর্যায় ঃ- কাজগুলির প্রাথমিকতা কি ভাবে নির্দিষ্ট করবেন?

এখানে আমরা কাজগুলিকে তিন ভাবে পরীক্ষা করে দেখব!

01. **প্রথম পরীক্ষা ঃ** অনিবার্যতা – এই কাজটা পরীক্ষার দৃষ্টিতে কতটা অনিবার্য?

02. **দ্বিতীয় পরীক্ষা ঃ** উপযুক্ততা – কেবল আপনিই এই কাজের জন্য উপযুক্ত, না কি অন্য কেউ-ও এই কাজটা করতে পারে; যেমন – অন্য কেউ আপনার হয়ে ফোটো কপি করতে পারে! এটা মাথায় রাখবেন যে, এই বছরে আপনি নিজে প্রাথমিকতা সূচীতে রয়েছেন!

03. **তৃতীয় পরীক্ষা ঃ** এই কাজটা করার আরও কোন ভালো উপায় আছে কি? *'খ'* এবং *'গ'* শ্রেণীর কাজের ক্ষেত্রে এই পরীক্ষা বেশী প্রযোজ্য হয়... যেগুলো অনেকটা সময় নষ্ট করে! যেমন – পড়াশোনার পরে সমস্ত ফোন কল আর এস.এম.এস.-য়ের জবাব দেওয়া!

পঞ্চম পর্যায় ঃ আপনাদের সময় বর্বাদ করা কারককে চিনে নিতে হবে! *(বালি)* এগুলো আপনাদের টাইম টেবিলের সর্বনাশ করে!

01. **পরিবেশগত কারক ঃ-** অবাঞ্ছিত অতিথি, ফোন মেসেজ, ফোন কল, অসুস্হতা বা ক্লান্তি! এগুলোকে দূরে রাখার চেস্টা করুন! একটা সাইনবোর্ড লিখে টাঙিয়ে দিন যে, এতটার সময় যেন কেউ আপনাদের বিরক্ত না

করে! পড়ার ব্রেকে ফোন কলের জবাব দিন আর শুয়ে-শুয়ে কথা বলুন... যাতে কিছুটা বিশ্রামও হয়ে পড়ে!

02. **নিজের দ্বারা সৃষ্ট কারক ঃ** এগুলো আপনাদের দ্বারাই সৃষ্ট কারক হয়... এজন্য এগুলোর ওপরে নিয়ন্ত্রণ করা যেতে পারে! এগুলো তিন প্রকারের হয় ঃ

ক) অব্যবস্থা ঃ অব্যবস্থিত লোকেরা পেন, খাতা আর বই খুঁজতেই 33% সময় বর্বাদ করে ফেলেন!

খ) অলসতা ঃ কাজ শুরু করতে বিলম্ব করা; এনারা এমনটা বলেন – *"দশ মিনিট পরে পড়তে বসব!"* আর এই দশ মিনিট শেষ পর্যন্ত 1 ঘটায় গিয়ে দাঁড়াড়!

গ) 'না' বলার অক্ষমতা ঃ আপনারা যেমন-যেমন বড় হবেন... আপনাদের *'না'* বলার অভ্যাস গড়ে তুলতে হবে! আপনারা নিজেদের উৎপাদক সময় এজন্য খারাপ করতে পারেন না যে, আপনারা নিজেদের বন্ধুদের *'পার্টি'*-র জন্য *'না'* বলতে পারেন না! এটা অপরিপক্কতার নিদর্শন! ফোন কল, মেসেজ আর চ্যাটিং-য়ের জন্যও এমনটা প্রযোজ্য হয়! আপনাদের এমনটা বলা শিখতে হবে – "ধন্যবাদ, বন্ধু! কিন্তু আমাকে ক্ষমা কোর... আমি কাজ শেষ না করে আসতে পারব না!" আমার দৃঢ় বিশ্বাস যে, আপনাদের সত্যিকারের হিতৈষী বন্ধুরা এটা বুঝবে এবং তাদের খারাপও লাগবে না!

ষষ্ঠ পর্যায় ঃ টাইম টেবিল বানান *(এই ব্যাপারে আলোচনা আগেও হয়েছে)*!

অনেক ছাত্র-ছাত্রী এমনটা মনে করেন যে, তাঁদের একমাত্র তখনই পড়তে বসা উচিত... যখন তাঁদের পড়ার মন হবে! কিন্তু বাস্তবিকতা হচেছ এটা যে, টাইম টেবিল বানিয়ে পড়াশোনা করাটা অনেক বেশী লাভদায়ক হতে পারে! টাইম টেবিল অনুসারে পড়লে পড়ার মুড আপনা থেকে তৈরী হয়ে পড়বে!

নোট ঃ আপনাদের বন্ধু-বান্ধব আর পরিবারের লোকেদেরও টাইম

টেবিলের ব্যাপারে জানা উচিত! তাঁদের যদি এটা জানেন যে, এটা আপনাদের পড়ার সময়... তাহলে তাঁরা আপনাদের এই সময়ে বিরক্ত করবেন না!

সপ্তম পর্যায় ঃ টাইম টেবিলের মাঝে কিছুটা ব্রেক রাখুন! যেমন – কিছুটা মিউজিক শোনা বা একটু তন্দ্রা নেওয়া! এগুলো অত্যন্ত আবশ্যক হয়! এই সব গতিবিধি *'বালি'* হয় না! এগুলো মস্তিস্ককে তরোতাজা করে তোলার জন্য জরুরী হয়! সর্বদা মাথায় রাখবেন যে, তন্দ্রা নেওয়াটা সময়ের ববাদী হয় না! ক্লান্ত মস্তিস্কে কাজ করলে আপনাদের উৎপাদকতা কেবলমাত্র 50%-ই রয়ে যায়!

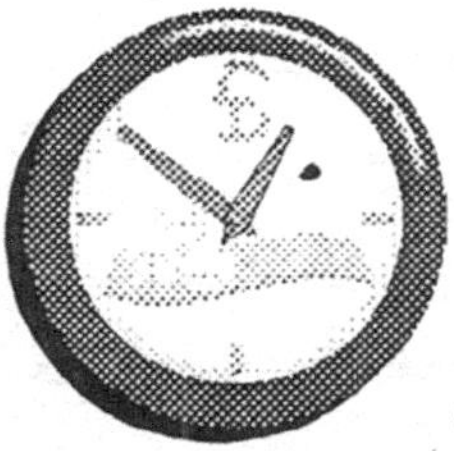

অষ্টম পর্যায় ঃ পরীক্ষার সময় ব্যবস্হাপনা! এমন প্রোগ্রাম বানান, যাতে আপনারা সেই 2 - 3 ঘন্টার উৎপাদক প্রয়োগ কি ভাবে করবেন! এর জন্য বেশ কয়েক বার নকল পরীক্ষা দিয়ে অভ্যাস কয়ে নিন!

এক প্রাচীন প্রবাদবাক্য আছে – *"সময়ই হচ্ছে ধন!"* আমি একটু পরিবর্তন করে বলতে চাই – *"সময়ই হচ্ছে নম্বর!"* সময় ব্যবস্হাপনা দ্বারা বাঁচানো প্রতিটি 'মুহূর্ত' আপনাদের সফলতার আশাকে আরও বাড়িয়ে তুলতে পারে!

❑

সফলতার জন্য ব্যক্তিগত লক্ষ্য নির্দ্ধারিণ

(Goal Setting)

প্রথম পর্যায় ঃ কেন লক্ষ্য নির্দ্ধারিণ করবেন ?

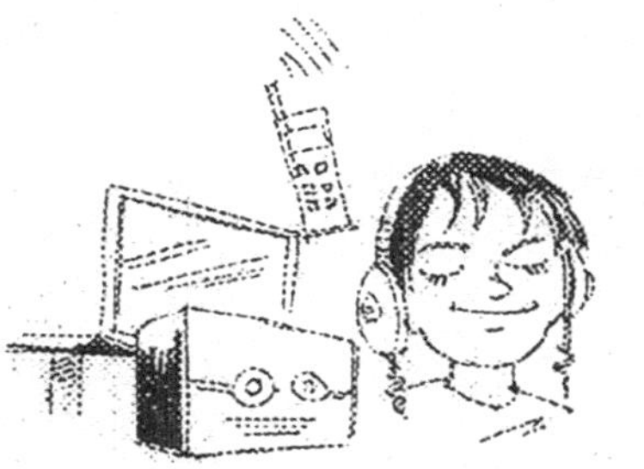

লক্ষ্য নির্দ্ধারণের সাথে সফলতার এক অত্যন্ত গভীর সম্পর্ক রয়েছে – এই জিনিষটার এক বৈজ্ঞানিক ভিত্তিও রয়েছে ! আমাদের মস্তিস্কে R.A.S. *(Reticular Activating System)* নামক এক স্নায়ু কেন্দ্র থাকে... এটা সেই সব তথ্য ছাঁটাইয়ের কাজ করে... যেগুলোকে আমাদের মস্তিস্ক অবাঞ্ছিত হিসেবে মনে করে !

যেমন ধরুন – মোটর বাইক কেনার চিন্তা মনের মধ্যে আসামাত্র আপনারা এটা দেখতে পাবেন যে, যে মোটর বাইকের ওপরে আপনারা এর আগে কখনো মনোযোগই দেননি... এখন আপনারা সেটার বিভিন্ন দিক অত্যন্ত মনোযোগ সহকারে দেখতে লাগেন – তার রং, মডেল, স্টাইল এবং অন্যান্য আরও অনেক কিছু ! কেন ? আপনাদের আর.এ.এস. মস্তিস্ককে এই ব্যাপারে চিন্তা করার নির্দেশ দেয় ! ঠিক সেই প্রকার আমরা যখন কোন লক্ষ্য বেছে নিই... তখনও আমাদের আর.এ.এস. সক্রিয় হয়ে ওঠে আর আমরা লক্ষ্যের প্রতি কেন্দ্রীভূত হয়ে উঠতে লাগি !

এখানে বিশেষ ব্যাপার হয়ে এটা যে, আমরা নিজেদের আর.এ.এস.-কে লক্ষ্য প্রাপ্তির জন্য প্রোগ্রাম করতে পারি !

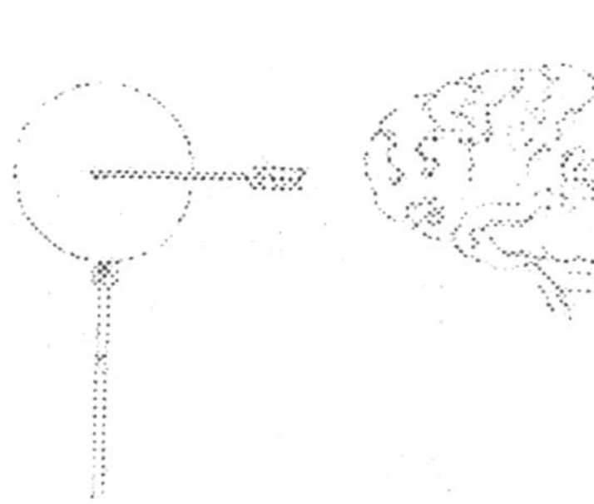

দ্বিতীয় পর্যায় ঃ লক্ষ্য নির্দ্ধারণকে কি ভাবে প্রভাবশালী করে তোলা যায় ?

নিজের লক্ষ্যকে স্পষ্ট ভাষায়

লিখুন! একটা বড় কাগজে (50 cm x 50 cm) বড়-বড় স্পষ্ট অক্ষরে লিখুন; যেমন – *"আমি একজন এম.বি.এ. ম্যানেজার হতে চাই!"*

"আমি একজন ডাক্তার / ইঞ্জিনিয়ার হতে চাই!" এবার সেই কাগজটাকে কোন বিশেষ জায়গায় লাগিয়ে দিন! এটা আপনার পড়ার টেবিলের কাছে বা ডিস্‌প্লে বোর্ডেও লাগাতে পারেন!

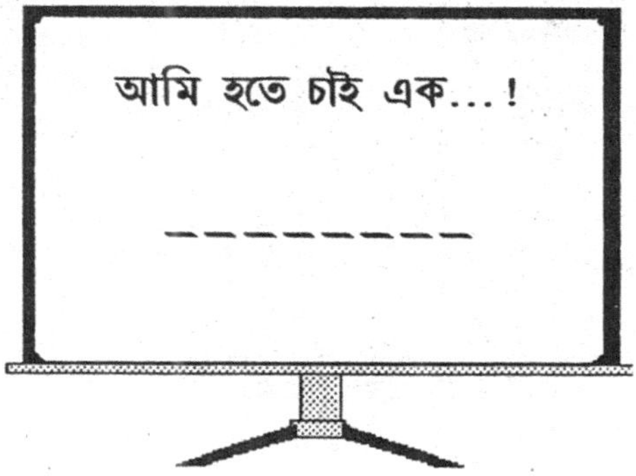

আমি যখন প্রথম বার মেডিক্যালের প্রবেশ পরীক্ষায় ব্যর্থ হয়ে পড়েছিলাম... তখন এই টেক্‌নিক আমাকে প্রেরিত করে তুলেছিল! আমি যদিও ইঞ্জিনিয়ারিং-য়ে চান্স পেয়ে গিয়েছিলাম আর আমি পড়াশোনাও শুরু করে দিয়েছিলাম! সবাই আমাকে এমনটাই বলেছিল যে, আমি দিল্লীতে ইঞ্জিনিয়ারিং-য়ের পড়াশোনা ছেড়ে মেডিক্যালের জন্য ছুটোছুটি করে বোকামী করছি! সেই সময় আমি নিজের স্বপ্নকে বজায় রাখার জন্য একটা কাগজে লিখে টাঙ্গিয়ে দিয়েছিলাম – *"জীবনে আমার সব থেকে বড় স্বপ্ন হচ্ছে ডাক্তার হওয়া!"* সেই লিখিত বাক্য আমাকে প্রেরণা জুগিয়েছিল আর আমি নিজের স্বপ্নকে সাকার করে তুলতে পেরেছিলাম!

তৃতীয় পর্যায় ঃ- লক্ষ্য নির্দ্ধারণ করার পরে এটা ঠিক করুন যে, সেই লক্ষ্য প্রাপ্তির জন্য আপনাকে কি-কি করতে হবে?! যেমন – ডাক্তার হওয়ার জন্য এম.বি.বি.এস.-য়ের প্রবেশ পরীক্ষায় বসতে হবে! ম্যানেজার হওয়ার জন্য এম.বি.এ. / ক্যাট পরীক্ষায় বসতে হবে!

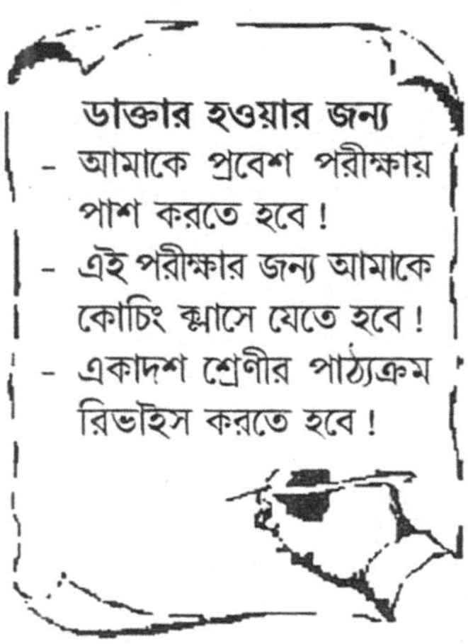

চতুর্থ পর্যায় ঃ- নিজের লক্ষ্যকে নির্দ্ধারিত এবং আবশ্যক সময় সীমা প্রদান করুন! লক্ষ্য প্রাপ্তির জন্য কোন একটা সময় নির্দিষ্ট করুন! এটা ছাড়া আমরা দিশাহীন হয়ে পড়তে পারি! অনেক বার বর্তমান লক্ষ্যের হিসেবে, লক্ষ্যকে নতুন করেও নির্দ্ধারিত করতে হতে পারে!

পঞ্চম পর্যায় ঃ দৈনন্দিন লক্ষ্যের ওপরে কাজ করা *(Goal Setting & Scheduling)* *(এই ব্যাপারে আলোচনা আগেই করা হয়েছে)*

ষষ্ঠ পর্যায় ঃ- বার-বার মস্তিষ্কের মধ্যে বার্তার পুনরাবৃত্তি করা *(Reinforcement)* এই প্রকারে লক্ষ্যের প্রতি আপনার বিশ্বাস আর মজবুতী কায়েম হয়ে উঠবে!

01. নিজের লক্ষ্যকে দিনের মধ্যে কম পক্ষে দুবার ঘোষণা করুন; যেমন – *"আমি ইঞ্জিনিয়ার হতে চাই!"*

02. রাতে ঘুমোবার আগে, চোখ বন্ধ করে এমনটা কল্পনা করুন যে, আপনি সত্যি-সত্যি এক ডাক্তার হয়ে প্র্যাক্টিশ করছেন! এর দ্বারাও আপনার মস্তিস্ক প্রেরণা প্রাপ্ত করবে!

03. এমনটা কল্পনা করুন যে, লক্ষ্য প্রাপ্তির পরে আপনি কেমন ভাবে পুরস্কৃত হবেন; এটাও লিখে নিন! এর দ্বারা কড়া পরিশ্রম করাটা সহজ হয়ে উঠবে!

স্পষ্ট অক্ষরে নিজের লক্ষ্য লিখে দেওয়ালে চিপ্‌কে দিন; এখুনি!

অধ্যায় শেষ করার আগে আমি আপনাদের আপনাদের এটা জানাতে চাই যে, নিজেদের লক্ষ্যকে স্পষ্ট অক্ষরে লেখাটা কতটা গুরুত্বপূর্ণ হয়! বিভিন্ন অধ্যয়ণ থেকে এটা জানতে পারা গেছে যে, প্রায় 10% লোকের কাছেই নির্দিষ্ট লক্ষ্য থাকে... কিন্তু তাঁদের মধ্যে কেবল 3% লোকই সেটাকে লিখিত রূপে রেখেছিলেন! লিখিত রূপে লক্ষ্য রাখা ব্যক্তিরা, অন্যদের তুলনায় 10 গুণ বেশী প্রবলতার সাথে নিজেদের লক্ষ্য পর্যন্ত পৌঁছতে পেরেছিলেন! এজন্য আজই নিজের লক্ষ্য লিখুন! আপনাদের প্রতি আমার শুভ কামনা রইল।

❑

একটা গোপন গুণ ঃ লেজে আগুন

সফলতার ব্যাপারে আলোচনা করার সময় একটা কথা মাথায় আসে – সফল লোকেদের মধ্যে এত বিবিধতা কি করে দেখতে পাওয়া যায় ! কত লোক এমন হন... যাঁরা অধ্যয়ণের থেকে বিপরীত বিশেষত্বের হন... তবুও তাঁরা জীবনে উচ্চ স্হানে পৌঁছে যান ! কিছু টপার এমনও হন... যাঁরা জীবনে কখনো ব্যায়াম করেন না; কেউ-কেউ কেবল 'জাংক ফুড'-ই খান; কেউ-কেউ কোন শিডিউলের পালন করেন না; কেউ আবার কাজকে শেষ পর্যন্ত এড়িয়ে চলেন; কেউ-কেউ চিৎকার-চেঁচামেচি আর মিউজিকের মধ্যে কাজ করেন; কারো-কারো সময় ব্যবস্হাপনা অত্যন্ত খারাপ হয় আর লক্ষ্যও নিদ্ধারিত থাকে না – তবুও তাঁরা জীবনে সফল হয়ে ওঠেন ! এমনটা কি করে সম্ভব হতে পারে ?

এক দিন হঠাৎ স্কুলের এক বন্ধুর সঙ্গে কথা বলার সময় আমার মাথায় একটা জিনিষ এল ! আমার সেই বন্ধু টপার্স হওয়ার মত কোন গুণ না থাকা সত্ত্বেও এস.সি.আর.এ. *(SCRA)* আর. আই.আই.টি. *(IIT)* পরীক্ষা পাশ করে নিয়েছিল ! সেই সময় আমি সফলতা আর ব্যর্থতার মধ্যে প্রকারভেদ করা কারকের ব্যাপারে জানতে পেরেছিলাম ! এমন এক প্রভাবশালী কারক, যেটা অন্য আর সব কারকের নেতিবাচক প্রভাবকেও চাপা দিয়ে দেয়... যেটা আপনাদের ফলাফলকে 0 থেকে 6% পর্যন্ত প্রভাবিত করতে পারত; এই কারক আপনার সফলতার সম্ভাবনাকে দ্বিগুণ করে তোলে !

পেছন ফিরে দেখলে আমি এমনটা অনুভব করলাম! হ্যাঁ! সকল টপার্সদের মধ্যেই এই গুণটা বিদ্যমান ছিল!

সেটা হচ্ছে – লেজে আগুন! আমি এটাকে এই ভাবে বলছি, যাতে আপনারা পরিস্কার ভাবে ব্যাপারটা বুঝতে পারেন! অর্থ হল, কারো লেজে আগুন লাগলে সে যে ভাবে জলের জন্য ছট্‌ফট্ করে... ঠিক সেই ভাবে তাঁরা সফলতার জন্যও ছট্‌ফট্ করতেন অর্থাৎ তাঁরা এটাকে প্রাপ্ত করার জন্য সব কিছু করতেও প্রস্তুত ছিলেন!

এখন প্রশ্ন হচ্ছে এটা – আপনারা এটা কি ভাবে জানবেন যে, কোন ব্যক্তি এই *'লেজে আগুন'*-য়ের গুণ রাখেন কি না? এই গুণের লক্ষণ সম্পূর্ণ রূপে স্পষ্ট ঃ

01. **তাড়াহুড়োর স্হিতি** *(Urgency)* : পরীক্ষা যত এগিয়ে আসে, এই তাড়াহুড়োর স্হিতি তত বৃদ্ধি পায়! পরীক্ষার দিনগুলোয় ব্যক্তি যত অলসই হোন্ না কেন, এ্যালার্মের আগেই উঠে পড়েন... যাতে অসম্পূর্ণ থেকে যাওয়া কোর্স সম্পূর্ণ করতে পারেন!

02. যদি তিনি এটা জেনে যান যে, সফলতার পথে তাঁর কোন নেতিবাচকতা বাধার সৃষ্টি করতে পারে... তাহলে তিনি সেটা দূর করার জন্য পূর্ণ প্রচেস্টা চালাতে থাকেন! মস্তিস্ক ক্লান্ত হয়ে পড়লে তিনি বেশী ক্যালোরী নিতে শুরু করেন বা শারীরিক ক্ষমতা বৃদ্ধির জন্য জিমে যান ইত্যাদি-ইত্যাদি!

03. সফলতার জন্য তিনি সমস্ত কিছুই উৎসর্গ করতে রাজী হন! টি.ভি., মিউজিক, সম্পর্ক, বন্ধুত্ব, আত্মীয়তা বা পার্টি – কোন কিছুই তাঁর

সফলতার পথে বাধার সৃষ্টি করতে পারে না!

04. তিনি সর্বদাই নিজের প্রদর্শনের কথাই ভাবেন আর স্বার্থপর হয়ে ওঠেন! যদি পড়ার শিডিউল সম্পূর্ণ না হয়, তবে সারাদিন বিড়বিড় করতে থাকেন! এই বিশেষত্বের থেকেই *'লেজে আগুন'*-য়ের ব্যাপারটি বোঝা যায়! এই বিশেষত্বের জোরেই 90% পরীক্ষায় সফলতা প্রাপ্ত হয়!

05. এমন লোকেরা নিজেদের সফলতা সম্পর্কে সম্পূর্ণ রূপে আশ্বস্ত হন! নিজেদের সম্পর্কে গর্বোক্তিই তাঁদের পরিচয় হয়ে দাঁড়ায়!

06. এনারা নিজেদের কঠোর শিডিউল বা পরিশ্রমের জন্য কখনোই বিরক্তি প্রকাশ করেন না... কারণ তাঁরা এই সমস্ত কিছু অপরের জন্য নয়, নিজেদের সন্তুষ্টির জন্যই করে থাকেন!

আপনি *'লেজে আগুন'*-য়ের গুণ কি ভাবে লাভ করতে পারেন?

- ❑ অন্য কেউ আপনাকে ঘুম থেকে তুলে ক্লাসে পাঠাবে... কখনোই এমন আশা করবেন না! আপনাকে নিজের থেকেই ছুটতে হবে!
- ❑ আপনাকে নিজের ক্ষমতার ওপরে কেন্দ্রীভূত হতে হবে! কাজ শেষ না করে আপনি শুতে যাবেন না; তাতে রাত দুটো বেজে গেলেও অসুবিধা নেই! এই ভাবে ধীরে-ধীরে *'লেজে আগুন'* লাগা শুরু হয়ে পড়বে!
- ❑ কঠোর পরিশ্রমকে এড়িয়ে চলবেন না!
- ❑ নিজের সফলতার ব্যাপারে আশ্বস্ত হয়ে উঠুন এবং সেটাকে সকলের সামনে স্বীকার করুন!
- ❑ সফলতার পথে কোন রকম বাধার সৃষ্টি হলে, তার জন্য লড়াই করুন!
- ❑ নিজেদের পরীক্ষার কথা সর্বদা মাথায় রাখবেন, যাতে প্রচেষ্টায় কোন রকম শৈথিল্য এলেই বুঝতে পারেন!
- ❑ শাস্তি আর পুরস্কারের ব্যবস্থা রাখুন! ভালো কাজের জন্য নিজেকে পুরস্কৃত করুন এবং

ভুল কাজের জন্য শাস্তি দিন! এর ফলে এই আগুন কখনো নিভবে না!

- নিজেকে সবার আগে রাখুন ঃ
  - * সততার সাথে নিজের শিডিউল পালন করুন!
  - * যদি সামাজিকতা করতে না পারেন, তবে করবেন না!

> **SUCCESS**
> **এই সকল লক্ষণ গ্রহণ করলেই আপনার মধ্যেও *'লেজে আগুন'*-য়ের গুণ এসে পড়বে!**

  - * নিজেকে ঘরোয়া কাজে ব্যস্ত রাখবেন না... শক্তি সঞ্চয় করে রাখুন!
  - * সর্বপ্রথম নিজের শরীরের দিকে খেয়াল রাখুন! পরীক্ষার আগে শরীর খারাপ হলে অসুবিধায় পড়তে পারেন!
  - * যদি কোন কাজ অন্য কাউকে দিয়ে করাতে চান... তবে সে ক্ষেত্রে কোন রকম সংকোচ বোধ করবেন না! তাতে সামান্য অসুবিধা হলেও মেনে নিন!

আজ থেকেই এগুলি শুরু করে দিন! আপনার মধ্যেও এই গুণ এসে পড়বে এবং আপনি সফলতার পথে এগিয়ে চলবেন!

ব্যর্থতার কারণ ঃ এড়িয়ে চলা

জেনে-শুনে কোন কাজকে এড়িয়ে চলাকে বিলম্ব করা বলা হয়! এক্ষেত্রে সব চেয়ে গুরুত্বপূর্ণ বিষয় হচ্ছে *'শুরু করা'*! করা। পরীক্ষার জন্য প্রস্তুতি শুরু করাটাই মুশ্কিল হয়... কারণ আপনি এটা জানেন যে, সুদীর্ঘ প্রয়াস আপনার ক্ষমতা পরীক্ষা করবে! আপনি জেনে-শুনে এই কাজটাকে এড়িয়ে যান! দুর্ভাগ্যবশতঃ, এটা একবার অভ্যাসে পরিণত হয়ে পড়লে আর ছাড়া সম্ভব হয় না! হঠাৎ একদিন আপনি এটা বুঝতে পেরে ঝট্‌কা খান যে, অনেকটা দেরী হয়ে পড়েছে আর আপনি কাজ এড়িয়ে চলার আরও একটা অজুহাত পেয়ে যান – কাজ করা অসম্ভব হয়ে উঠেছে!

প্রথম পর্যায় ঃ

এড়িয়ে যাওয়ার কারণ ঃ

01. *'ব্যর্থতার ভয়'* বা *'ভয়'*-ই কোন কাজ এড়িয়ে যাওয়ার সব থেকে বড় কারণ হয়! আপনারা প্রায়ই এমন অজুহাত দেখান... যেগুলো আপনাদের বাস্তবতার থেকে দূরে সরিয়ে নিয়ে যায় আর আপনারা সেই সব অজুহাতের আড়ালে নিজেদের ভয়কে লুকিয়ে নেন!

02. অক্ষমতার ভাবনা; আজ্ঞে হ্যাঁ... অনেক সময় কোন বড় কাজ দেখলেই আপনাদের ঘাম ছুটে যায়! আপনারা যখন একাদশ শ্রেণীতে আসেন আর দু বছর পরের প্রবেশ পরীক্ষার ব্যাপারে ভাবনা-চিন্তা করেন... তখন আপনারা সেটাকে বোঝা মনে করে এড়িয়ে যেতে থাকেন!

03. লক্ষ্যের প্রতি আগ্রহের অভাব!

04. সম্পূর্ণতাবাদী *(Perfectionist)* হওয়ার কারণ ঃ আপনারা শুরু থেকেই সব কাজ সম্পূর্ণতা এবং সুব্যবস্থিত ভাবে করতে চেয়ে সম্ভাব্য জিনিষপত্রের তালিকা প্রস্তুত করতে লেগে পড়েন... লোকেদের সাথে পরামর্শ করতে শুরু করেন... রুটিন বানান – কিন্তু কাজ শুরু করতে পারেন না!

একবার এড়িয়ে চলার ফাঁসে ফেঁসে গেলে সেটা আপনা থেকেই চেপে বসে আর আপনারা কাজ এড়িয়ে চলতে লাগেন!

দ্বিতীয় পর্যায় ঃ এড়িয়ে চলার সমাধান

01. আজ থেকেই শুরু করুন! আমি এই শুরু করার ওপরে কেন এত জোর দিচ্ছি? কারণ, যদি আমরা সুনিয়োজিত রূপে, সঠিক সময়ে প্রস্তুতি নিতে শুরু না করি... তবে পরীক্ষার আগে একটা ভয়ের পরিবেশ সৃষ্টি হয়ে পড়বে! আপনারা প্লেনে আগুন লাগার পর প্যারাশুট নিয়ে ঝাঁপ দেওয়া শেখার কথা কেন বলেন?

'আজ' বলতে আমি এটা বলতে চাইছি না যে, আপনাদের এখুনি পড়তে বসে পড়া উচিত! আমার কথার অর্থ হচ্ছে এই যে,

আজই নিজের পড়ার দিন রনরর্দস্ট করে নিন! লোকেরা এমনটা বলে থাকেন – *'আগামীকাল কখনোই আসে না!'* আমি বলি যে, আপনারা নির্দিষ্ট করে নিলে সেটা অবশ্যই আসবে! আজ যদি 25-শে ফেব্রুয়ারী হয়, তবে এমনটা বলবেন না যে, কাল থেকে কাজ শুরু হবে! ডায়রীতে লিখুন 26-শে ফেব্রুয়ারী, সকাল 9:30-টায় কাজ শুরু হবে! আপনি এই শুরুকে কোন মজাদার ঘটনার সাথে যুক্ত করে নিয়ে নিজের মস্তিস্ককে বোনাসও দিতে পারেন; যেমন – আমি দু দিনের মধ্যে এই নভেল শেষ করে এম.বি.এ. পরীক্ষার প্রস্ত্ততি নিতে শুরু করে দেব! এই ভাবে সূত্রপাত এক নির্দিষ্ট সীমা পেয়ে যাবে!

02. কারণগুলিকে শেষ করুন – কাজ শুরু করার সিদ্ধান্ত নেওয়ার পর যে কোন অজুহাতকে নির্মূল করার চেষ্টা করুন... যেগুলো পথে বাধার সৃষ্টি করতে পারে।

ক) 'লক্ষ্যের প্রতি আগ্রহের অভাব'-য়ের সমাধান – এর জন্য নিজেকে জিজ্ঞাসা করুন ঃ

(i) আমি কি এই কাজের জন্য উপযুক্ত ?

(ii) আমি কি এই কেরিয়ার সম্পর্কে আগ্রহী ?

(iii) এই পরীক্ষায় পাশ করাটা কি আমার পক্ষে গুরুত্বপূর্ণ ?

হয়তো এই কেরিয়ার সম্পর্কে আপনার কোন রকম আগ্রহ না থাকার কারণে আপনার কোন রকম মুড তৈরী হচ্ছে না! যদি এই চারটি প্রশ্নের উত্তর *'হ্যাঁ'* হয়... তবে কোন সন্দেহই নেই!

খ) 'কাজ শেষ না করতে পারার অক্ষমতা'-য়ের সমাধান – এটা

হচ্ছে এক প্রবৃত্তিগত সমস্যা! নিজের অতীতের সমস্ত উপলব্ধিগুলো একটা কাগজে লিখুন! একটা টেস্ট গ্রাফ বানান, যাতে আপনার উপলব্ধিগুলো পরীক্ষা করে দেখা যেতে পারে! ধীরে-ধীরে আপনার আচরণে উন্নতি আসবে!

গ) 'কাজের বিশালতা দেখে ভয়'-য়ের সমাধান – আপনার নিজের

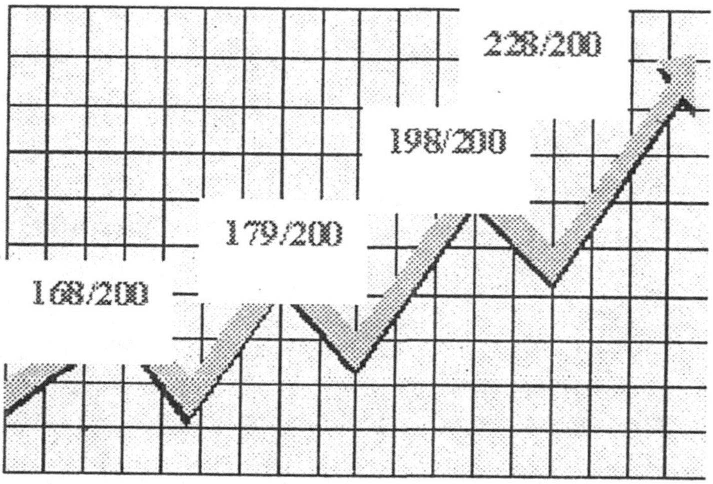

ক্ষমতা নিয়ে কোন সন্দেহ নেই... শুধু কাজের বিশালতার ভয় রয়েছে! এজন্য কাজকে ছোট-ছোট টুকরোয় ভাগ করে নিন! '*শিডিউল ক্যালেণ্ডার*'-তে কাজগুলোকে মাস, সপ্তাহ এবং দিনে ভাগ করে নিন! এর ফলে কাজ সম্পূর্ণ করতে কোন সমস্যাই হবে না। কাজ শেষ হওয়ার সাথে-সাথে ক্যালেণ্ডারে দাগ দিতে শুরু করুন! এটা আপনার কেরিয়ারের '*সফলতা গ্রাফ*' হয়ে উঠবে!

ঘ) সম্পূর্ণতাবাদী হওয়ার সমাধান ঃ সম্পূর্ণ রূপে শুরু করার চেষ্টা

করুন! কি ভাবে? এমন একটা পরিকল্পনা বানান, যাতে সমস্ত পড়া সঠিক রূপে সম্পূর্ণ হতে-পারে! আপনাকে শুরুর দিনকে *'পরিকল্পনা দিবস'* করে তুলতে হবে! এই দিন আর কোন কাজ করবেন না... শুধু পরিকল্পনা করে চলুন! আপনি তারিখ অনুসারে *'শিডিউল ক্যালেণ্ডার'*-ও বানাতে পারেন!

প্লেনে আগুন লেগে যাওয়ার পরে প্যারাশুট নিয়ে লাফ দিতে শিখবেন না!

এড়িয়ে চলার সাথে লড়াই করার শক্তি ঃ- কাজ সম্পূর্ণ করার দৃঢ় ইচ্ছাশক্তিই সেই শক্তিছ হয়! আপনাদের শুধু পরিণামের কথা না ভেবে, ভয় না পেয়ে কাজ করে চলতে হবে! ফলাফল আপনাদের হাতে নেই... কিন্তু আপনারা চেষ্টা তো অবশ্যই করতে পারেন! আমাদের এই শক্তিকে ফুটিয়ে নুলতে হবে!

তো উঠুন... আর শুরু করার দিন নির্দিষ্ট করে নিন – সফলতা আসতে দেরী লাগবে না!

❑

ব্যর্থতার কারণ ঃ নেতিবাচক সম্ভাবনা

(Negative Expectancy)

প্রথম পর্যায় ঃ নেতিবাচক সম্ভাবনা কাকে বলে ?

নেতিবাচক সম্ভাবনা হচ্ছে সেই মানসিক অবস্থা... যখন আপনার মন নেতিবাচক চিন্তায় ভরে ওঠে আর আপনার এমনটা মনে হতে থাকে যে, আপনি সফল হতে পারবেন না ! পরীক্ষার জন্য প্রস্তুতি শুরু করার আগে বা প্রস্তুতি নেওয়ার সময়ও এমনটা হতে পারে !

দ্বিতীয় পর্যায় ঃ নেতিবাচক সম্ভাবনার লক্ষণ

যদি এটাকে চিনে নিতে পারেন... তাহলে আপনি অর্দ্ধেক লড়াই জয় করে নেবেন ! তাহলে আসুন... এটা দেখা যাক যে, এর লক্ষণ কি-কি ?

01. **কাজ এড়িয়ে চলা ঃ** সময়ের অভাব থাকা সত্ত্বেও কাজ শুরু করতে গড়িমসি করা !

02. **হীন ভাবনা ঃ** আপনার সর্বদাই এমনটা মনে হয় যে, আপনার মধ্যে সঠিক ক্ষমতার অভাব রয়েছে ! পুস্তকের এই অধ্যায়টা ভালো করে পড়ার পরেও

আপনার এমন ভয় হতে থাকে যে, আপনি প্রশ্নের সঠিক উত্তর দিতে পারবেন কি না?

03. পরীক্ষার প্রস্তুতি নেওয়া শুরু করার সাথে-সাথেই 'আলস্য'-তাও এরই লক্ষণ হয়! আপনার সব সময় বিছানায় শুয়ে থাকতে ইচ্ছা হয় আর কোন কাজ করার ইচ্ছা হয় না!

'হীন ভাবনা আর আলস্য' নেতিবাচক সম্ভাবনার পাক্কা লক্ষণ হয়!

তৃতীয় পর্যায় ঃ কারা সহজেই এর শিকার হয়ে পড়েন?

ভাবুক প্রকৃতির লোকেরা সহজেই এই জিনিষটার শিকার হয়ে পড়েন! ডান দিকে মস্তিস্কের প্রয়োগ করতে থাকা ব্যক্তিরা সহজেই এমন পরিস্থিতিতে ফেঁসে যান আর হীন ভারনা তাঁদের সহজেই গ্রাস করে নেয়!

চতুর্থ পর্যায় ঃ নেতিবাচক সম্ভাবনার সমাধান

এমন মানসিক অবস্হা সেই সময় সৃষ্টি হয়... যখন আপনি শ্লান্ত করে তোলা দিনের পরে একান্তে বসেন! এর থেকে কি ভাবে বাঁচা যেতে পারে?

01. **হাসি** ঃ হ্যাঁ! যখনই পড়তে বসবেন বা কোন কাজ করতে বসবেন... তখন মুখে হাসি ফুটিয়ে তুলুন! এতে নেতিবাচক এনার্জী অনেকটাই কমে আসে!

02. গভীর আর লম্বা শ্বাস নিন! মানসিক চাপ বা উত্তেজনায় ঘেরা ব্যক্তি প্রায়ই ছোট শ্বাস নেন... যার ফলে মস্তিস্কের অক্সিজেন জোগানে বাধার সৃষ্টি হয় আর

SOLUTION

যখনই পড়তে বসবেন...মুচকি হাসুন!

নেতিবাচক সম্ভাবনা বেড়ে ওঠে!

যৌগিক প্রাণায়াম করলে বা এমনি গভীর শ্বাস নিলে অক্সিজেনের এই অভাব পূরণ করা যেতে পারে!

03. **ছুটুন ঃ** হ্যাঁ! ছোটাও এক লাভদায়ক থেরাপী হয়! যখনই আপনি হতাশ অনুভব করবেন বা নিরাশ হয়ে উঠে নেতিবাচকতায় গ্রস্ত হয়ে পড়বেন... তখনই 15 - 20 জগিং করার জন্য বেরিয়ে পড়ুন! হৃদস্পন্দন দ্রুত হয়ে ওঠা পর্যন্ত আর শরীর থেকে ঘাম বার হওয়া পর্যন্ত ছুটতে থাকুন! ফিরে এসেই পড়তে বসে পড়ুন! 10 মিনিট সিঁড়ি বেয়ে ওঠা-নামা করাও লাভদায়ক হতে পারে!

04. এর সাথে মোকাবিলা করার জন্য আপনি কিছু নতুন টেক্‌নিক আর কৌশলও শিখতে পারেন! এই সব টেক্‌নিক কেবলমাত্র পড়াশোনার সাথেই সম্বন্ধিত হয় না... এগুলো কোন হবি বা কোন খেলাও হতে পারে! নিজের মধ্যে কোন দক্ষতার সৃষ্টি করেও হীন ভাবনার থেকে মুক্তি পাওয়া যেতে পারে!

05. কথা বলার পদ্ধতি পাল্টান! এমনটা কখনো বলবেন না – *"আমি সাঁতার কাটতে পারব না!"* আমি আপনাকে মিথ্যা কথা বলতে বলছি না... কিন্তু আপনি এটাকে এই ভাবে বলুন – *"আমি সাঁতার শেখার পরে সাঁতার কাটতে পারব!"*

"আমি করতে পারব না!" – এমনটা বলা বন্ধ করুন! নেতিবাচক সম্ভাবনা ইতিবাচক সম্ভাবনা হয়ে উঠবে!

"আমি ফর্মূলা মুখস্থ করতে পারি না!" বলা পরিবর্তে এমনটা বলুন – *"আমি কোন পদ্ধতি গ্রহণ করে ফর্মূলা মুখস্থ করতে পারি!"*

ইতিবাচক রূপে কথা বললে নেতিবাচক প্রবৃত্তি আপনা থেকে কমে আসবে আর বেশীর ভাগ কাজ আপনার নাগালের মধ্যে চলে আসবে!

❑

ব্যর্থতার কারণ ঃ আগে থেকে ভেবে রাখা অজুহাত

(Presumptive Excuse)

আপনি কি কখনো এমন লোকেদের সাথে কথা বলেছেন... যাঁরা জীবনে শুধু ব্যর্থতার মুখই দেখেছেন? যদি কখনো এমন লোকেদের সাথে কথা বলেন, তাহলে আপনি শুধু অজুহাতইই শুনতে পাবেন! পরীক্ষায় ফেল করা লোকেদের কাছেও এই একই জিনিষ – অজুহাত শুনতে পাওয়া যায়! তাঁরা নিজেদের বাদ দিয়ে বাকী সকলকে দোষী সাব্যস্ত করেন! এমনটা কেন হয়? এমনটা এজন্য হয়... কারণ লোকেদের পক্ষে নিজেদের দোষ দেওয়াটা অত্যন্ত মুশ্কিল হয়! এর জন্য প্রচুর সাহসের প্রয়োজন হয়! যাঁদের মধ্যে এতটা সাহস বা চারিত্রিক দৃঢ়তা থাকে... তাঁরা কখনো ব্যর্থ হন না!

কিন্তু পরীক্ষায় বসার আগেই অজুহাত দেখানোর কি অর্থ হয়?

এটা শুনতে আপনাদের অবাক লাগতে পারে... কিন্তু আপনাদের মধ্যে অধিকাংশ লোকেরা জেনেশুনে এমনটা করেন! এই আগে থেকে ভেবে রাখা অজুহাতই আপনাদের সফলতা থেকে দূরে সরিয়ে নিয়ে যায়!

প্রথম পর্যায় ঃ আগে থেকে ভেবে রাখা অজুহাত আসলে কি হয় ?

নিজেদের আশপাশে তাকিয়ে এটা জানুন... যখন কেউ আপনাদের নীচের প্রশ্নগুলো করে, তখন আপনারা কি উত্তর দেন ঃ

- আপনার সফল হওয়ার সম্ভবনা কতটা ? বা
- আপনার প্রস্তুতি কেমন হয়েছে ? ইত্যাদি।

আপনারা প্রায়ই এমনটা বলেন ঃ *"50-50 সম্ভাবনা রয়েছে !"* বা *"আমার প্রস্তুতি ঠিকঠাকই হয়েছে !"*

যদি সত্যি-সত্যিই সম্ভাবনা 50-50 থাকে বা আপনাদের প্রস্তুতি ঠিকঠাক হয়, তবে আপনাদের আরও পরিশ্রম করতে হবে! আপনারা ভালো প্রস্তুতি সত্ত্বেও এমনটাই বলেন!

আপনারা এমনটা কেন বলেন ?

আপনারা এমনটা এজন্য বলেন, কারণ ভবিষ্যতে আপনাদের প্রদর্শন ভালো না হলে সকলে আপনাদের নিয়ে হাসি-ঠাট্টা করবে – *"90%-য়ের কথা বলত আর মাত্র 70% নম্বর পেয়েছে !"* বা *"মেডিক্যাল কলেজে ভর্তি হওয়ার বুকনি মারছিল... এখন কোথাও এ্যাডমিশনই হচ্ছে না!"* এমন অবস্থার হাত থেকে বাঁচার জন্য আপনারা আগে থেকেই অজুহাত দেখানো শুরু করে দেন! আপনারা অন্যদের মিথ্যা কথা বলেন আর মনে-মনে ভাবেন যে, এতে দোষের কিছু নেই!

কিন্তু আপনারা যা কিছু বলেন, ধীরে-ধীরে অন্য অস্তিত্ব সেটার ওপরে বিশ্বাস করতে লাগেন! আপনার অবচেতন মন ধীরে-ধীরে সেটাই বিশ্বাস করতে শুরু করে। সেই অন্য অস্তিত্ব হচ্ছে আপনাদের 'মস্তিস্ক'! সেটা আপনাদের এমন কথা শুনে হতোৎসাহিত হয়ে পড়তে লাগে! হিটলারের মীডিয়া ম্যানেজার একবার বলেছিলেন –

"একটা মিথ্যে কথা যদি হাজার বার বলা যায়... তবে লোকেরা সেটাকে সত্যি বলে মনে করতে শুরু করে!" আপনাদের মস্তিস্কও যখন বার-বার এমনটা শোনে যে, আপনাদের সফল হওয়ার

50-50 সম্ভাবনা রয়েছে... তখন সেও এমনটাই মানতে শুরু করে!

দ্বিতীয় পর্যায় ঃ এর পরিণাম কি হয়?

01. মস্তিস্ক সবার ওপরে পৌঁছনোর জন্য পূর্ণ পরিশ্রম করতে পারে না!

02. এর ফলে আপনাদের এনার্জীর স্তর হতোৎসাহিত হয়ে পড়ে আর আপনারা দীর্ঘ সময় পর্যন্ত কোন কিছু মনে রাখার ক্ষমতা হারিয়ে ফেলতে থাকেন... যার ফলে পরীক্ষায় কম নম্বর আসে!

তৃতীয় পর্যায় ঃ- সমস্যার সমাধান?

সবার আগে তো আপনাদের এই অজুহাতের ঊর্দ্ধে উঠে, সামনে এগিয়ে আসতে হবে! সামাজিক ব্যবহারকে ভয় পাবেন না!

সকলের সামনে নিজের উচ্চাকাংখা এবং প্রচেষ্টার আলোচনা করুন।

আমি আপনাদের খবরের কাগজে বিজ্ঞাপন দিতে বলছি না; শুধু নিজের প্রস্তুতি বা পরিকল্পনা সম্পর্কে খোলাখুলি বলুন। কি ভাবে?

> **"আমি .... হতে চাই! আমি লক্ষ্য প্রাপ্তির জন্য ভরপুর প্রচেষ্টা চালাব! আমার পাশ হওয়ার সম্পূর্ণ সম্ভাবনা রয়েছে! কেউ আমার রাস্তা আটকাতে পারবে না!"**

2'×1'-য়ের একটা বড় পিচবোর্ড নিন। তাতে মোটা মার্কার দিয়ে লিখুন – "*আমি .... হতে চাই!*" পরের লাইনে সম্পূর্ণ আত্মবিশ্বাসের সাথে নিজের প্রচেষ্টার ব্যাপারে লিখুন! শেষে আপনার সফল হওয়ার সম্ভাবনা কতটা, সেটা লিখুন; যেমন – "*প্রবেশ পরীক্ষায় আমার পাশ হওয়ার সম্ভাবনা 100%!*" এবার এই বোর্ডটা এমন জায়গায় টাঙ্গিয়ে রাখুন... যেখানে সবাই এটাকে দেখতে পাবে! যে মুহূর্তে আপনি সকল সন্দেহের ঊর্দ্ধে উঠে নিজের ব্যাপারে চিন্তা করবেন আর লিখবেন... সফলতা আপনার সাথে মিলিত হওয়ার জন্য ব্যাকুল হয়ে উঠবে।

❑

ব্যর্থতার কারণ ঃ দিক্‌ভ্রান্ততা

(Deviation)

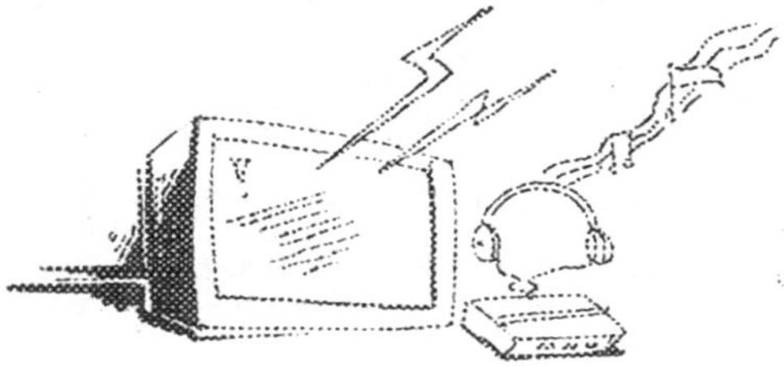

দিক্‌ভ্রান্ততা বা মনোযোগ সরে যাওয়াকে শৈক্ষিক রণভূমিতে সব থেকে বড় শত্রু হিসেবে মানা হয়ে থাকে... কারণ এটা না জানিয়ে ধীরে-ধীরে আসে আর আপনার পড়াশোনার প্রায় 33% সময় নষ্ট করে দেয়!

প্রথম পর্যায় ঃ এই দিক্‌ভ্রান্ততা সাধারণতঃ দুই প্রকারের হয় ঃ

01. চেতন কারক *(Councious Deviations)* ঃ এই দিক্‌ভ্রান্ততার ব্যাপারটা আপনি ভালো করেই জানেন... কিন্তু মন থেকে চাওয়া সত্ত্বেও সেটার থেকে নিজেকে দূরে রাখতে পারেন না... কারণ এগুলো আপনার অত্যন্ত প্রিয়! যেমন –

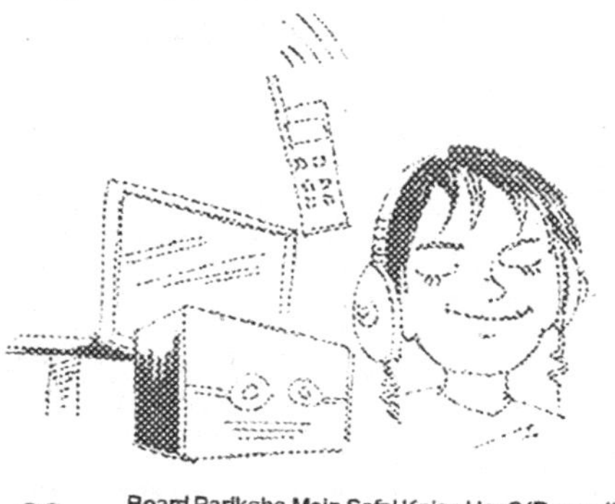

ক) **গ্যাজেট্‌স** ঃ টেলিফোন, এস.এম.এস. আর নেট চ্যাটিং-য়ের অভ্যাস ত্যাগ করা অত্যন্ত মুশ্‌কিল হয়! এসবের কারণে অনেক ভালো-ভালো লোকেদের কেরিয়ার নষ্ট হয়ে পড়েছে!

খ) **সামাজিক কারক ঃ** আত্মীয়-স্বজনদের আগমন, সামাজিক সম্মেলন, বন্ধুদের সাথে পার্টি ইত্যাদি! এতে যে কেবল আপনার সময় নষ্ট হয়, তাই নয়... আপনি যখন পড়তে বসেন, তখনও সেই দিকেই মন থাকে!

গ) **এনার্জীর অভাব ঃ** মস্তিস্কের পর্যাপ্ত মাত্রায় এনার্জী প্রাপ্ত না করাটাও এর প্রমুখ কারণ হয়! এনার্জীও বেশ প্রকারের হয় ঃ-

i) শারীরিক এনার্জী ঃ

ক্লান্তকর শারীরিক গতিবিধির কারণে

ii) মানসিক এনার্জী ঃ

a) অব্যবস্থার কারণে

b) পরীক্ষার চাপ আর চিন্তার কারণে

c) অপরের সাথে তুলনা

d) নোংরা,আর চিৎকার-চেঁচামেচিতে পরিপূর্ণ জায়গা

ঘ) **ভাবনাত্মক শক্তির ক্ষয় ঃ** এমনটা পরিবারে মাতা-পিতা বা ভাই-বোনেদের লড়াই-ঝগড়ার কারণে হতে পারে!

ঙ) **সেরিব্রাল ক্লান্তি ঃ** এমনটা দীর্ঘ সময় ধরে পড়ার কারণে হতে পারে!

চ) বাড়ীর কোথাও চলতে থাকা টি.ভি. বা রেডিও আপনার একাগ্রতা ভঙ্গ করতে পারে!

02. অবচেতন কারক *(Sub councious Deviations)* ঃ এটা এমন এক দিক্‌ভ্রান্ততা হয়... যা আপনার অবচেতন মনে ঢুকে পড়ে এবং সেখান থেকে আপনার পথ ভুল করিয়ে দেয়! আপনি এমনটা মনে করেন যে, আপনি তিন-চার ঘন্টা পড়েছেন... কিন্তু বাস্তবে বেশীর ভাগ সময়টাই আপনি দিবা-স্বপ্ন দেখে কাটিয়েছেন! যেমন – আপনার গার্লফ্রেণ্ডের কথা ভেবে... কোন পার্টি বা তাতে পরে যাওয়া পোশাকের কথা ভেবে!

দ্বিতীয় পর্যায় ঃ সমাধান কি হওয়া উচিত ?

অবচেতন রূপে দিক্‌ভ্রান্ত হওয়াটা বেশী বিপজ্জনক হয়... কারণ আপনারা এটা জানেন না যে, আপনারা ঠিক কতটা সময় নষ্ট করেছেন ? !

01. সবার আগে *'ইডিয়ট বক্স'* (টি.ভি.)-র একটা ব্যবস্থা করুন! আপনি কোন অনুষ্ঠান দেখেন... সেটা দেখার পরে অন্য চ্যানেল লাগান!

সেখানে হয়তো কোন ভালো অনুষ্ঠান আসছে! আপনি এটা জানতেই পারেন না যে, কতটা সময় নষ্ট হয়ে পড়ল! আপনাকে টি.ভি. দেখার সময় নির্দিষ্ট করতে হবে! আগেই এটা ঠিক করে নিন যে, কোন্ অনুষ্ঠান দেখবেন আর শুধু সেটাই দেখুন!

ফোন কল আর ইন্টারনেট ব্যবহারের ক্ষেত্রেও নিয়ন্ত্রণ বজায় রাখুন! পড়তে বসার সময় মোবাইল ফোনটাকে *'সায়লেন্ট মোড'*-য়ে রাখুন! 2 - 4 ঘন্টা পড়ার পর সমস্ত মিসড্ কল আর এস.এম.এস. দেখুন আর এই সময়ে সকলের সাথে কথা বলুন! ইন্টারনেটের জন্য এ্যালার্ম লাগান! এ্যালার্ম কাজতেই ইন্টারনেট বন্ধ করে দিন! এই এ্যালার্মকে উপেক্ষা করবেন না... অন্যথা 1 মিনিট 1 ঘন্টায় পরিবর্তিত হতে সময় লাগবে না!

02. কিছু লোককে দৃঢ়তার সাথে *'না'* বলতেও শিখুন!

03. পড়ার টেবিল থেকে মনোযোগ সরিয়ে নিয়ে যাওয়া সকল বস্তু *(পোস্টার, ফোটো, ঘড়ি আর ফ্রেণ্ডশিপ ব্যাণ্ড ইত্যাদি)* সরিয়ে দিন!

04. আপনি যদি পড়ার সময় বার-বার স্বপ্নলোকে বিচরণ করতে অভ্যস্ত হন... তাহলে প্রতিটি পৃষ্ঠা পড়ার পরে নিজেকে এই প্রশ্ন করুন যে, আপনি কি শিখলেন? আপনি এটা জানতে পেরে যাবেন যে, আপনার মনোযোগ অন্য জায়গায় সরে যাচ্ছে কি না?

ক) এমনিতে একটি মজাদার উপায় এটাও হয় যে, আপনি এটা ডায়রী বানিয়ে নিন! মনোযোগ অন্য দিকে সরিয়ে নিয়ে যাওয়ার মত কোন কিছু মাথায় আসামাত্র সেটা ডায়রীতে

লিখে ফেলুন! অল্পকালীন দিকভ্রান্ততা *(ক্রিকেটের স্কোর জানা, বন্ধুদের ফোন করা ইত্যাদি)* এবং দীর্ঘকালীন দিক্‌ভ্রান্ততা *(নতুন মুক্তিপ্রাপ্ত ফিল্ম দেখা)*-কে লেখার পরে এটাও লিখুন যে, আপনি সেগুলো কবে পূরণ করবেন?

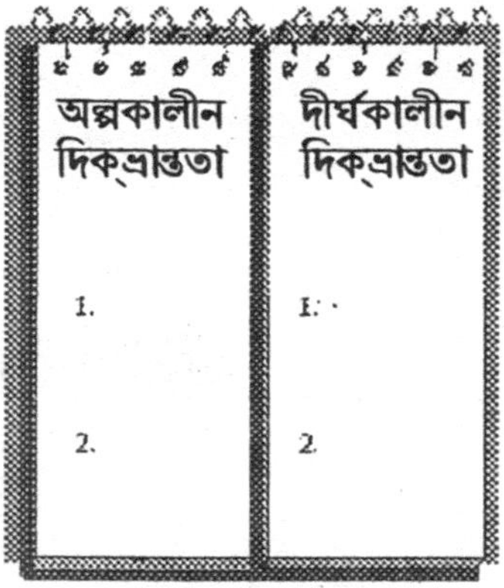

> **SUCCESS**
> **মনোযোগ বিঘ্নিত করা জিনিষের ব্যাপারে লিখলে মনোযোগ একাগ্র করতে সহায়তা প্রাপ্ত হয়!**

এটার বিজ্ঞানসম্মত ভিত্তি হচ্ছে এই যে, মস্তিষ্কে অপূর্ণ অবস্থায় ছেড়ে রাখা কাজের চাপ বজায় থাকে! যেমন – আপনি কোন পার্টি দিতে চান! তাহলে পড়ার সময় আপনার মাথায় এটাই ঘুরে বেড়াতে থাকবে যে, সেই পার্টিতে আপনাকে কেমন পোশাক পরতে হবে... কি ভাবে চুল আঁচড়াতে হবে আর পার্টিতে কাকে-কাকে নিমন্ত্রণ করতে হবে ইত্যাদি-ইত্যাদি! এই সব কিছু লিখে রেখে মস্তিষ্ক থেকে বার করে দিলে আপনার মনোযোগ বিঘ্নিত হবে না!

❑

পরীক্ষার টেনশন এবং ভয়

(Exam Panic)

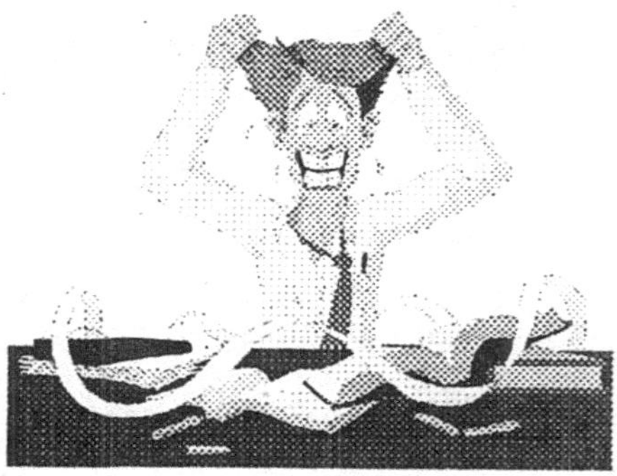

প্রায়ই বাচ্চাদের মাতা-পিতারা মানসিক চাপকে দোষী সাব্যস্ত করেন! প্রশ্ন এটা ওঠে যে, সত্যিই কি এই চাপ অত্যন্ত খারাপ হয়? এর থেকে কি কোন ভাবে মুক্তি পাওয়া যেতে পারে না?

আমার মনে হয় যে, মানসিক চাপ এক উপযোগী আর লাভদায়ক শারীরিক প্রতিক্রিয়া হয়... যেটা ভবিষ্যত পরিস্থিতির সাথে লড়তে সহায়তা করে! আমাদের নিজেদের চিন্তাধারার কারণেই এটা এক খারাপ শব্দ হয়ে রয়ে গেছে! প্রায়ই মাতা-পিতারা এমনটা বলেন – *"হায়! আমাদের বাচ্চা কত টেনশনের মধ্যে পড়াশোনা করছে!"* তাঁদের এটা অনুভব করা উচিত যে, এই টেনশন ছাড়া তাদের সন্তান কখনো সফল হতে পারবে না! শরীরের সামনে কোন উত্তেজক, রোমাঞ্চক বা চ্যালেঞ্জিং পরিস্থিতি আসামাত্র টেনশনের সৃষ্টি হয়ে পড়ে; তা সেটা সুখকর হোক্ বা না হোক্! এমন কি কোন থ্রিলার মুভী বা ভারত-পাকিস্তানের ক্রিকেট ম্যাচ দেখাটাও মানসিক চাপপূর্ণ হতে পারে!

LOOK

টেনশন কোন খারাপ জিনিষ হয় না! বাস্তবে, এটা পরীক্ষার জন্য অনিবার্য হয়!

যখনই আমাদের সামনে কোন চ্যালেঞ্জ আসে... তখনই টেনশনের কারণে এড্রেনলিনের স্তর বেড়ে ওঠে... যার ফলে এনার্জীর স্তরও বৃদ্ধি পায়... শক্তি আর 'Reflex Response'-ও বৃদ্ধি পায়! এর ফলে আপনাদের শেখার আর একাগ্রতা শক্তিও

উন্নত হয়ে ওঠে! আপনারা এমনটা অনুভব করতে পারেন যে, পরীক্ষার জন্য এসব কতটা গুরুত্ব রাখে!

প্রথম পর্যায় ঃ ভয় কেন হয়?

জীবনে প্রতিটি জিনিষের 'অতি'-র টেনশনেরও 'অতি' ক্ষতিকারক হয়! প্রশ্ন টো ওঠে যে, লোকেরা এমনটা কেন চা্ন না যে, যুবা বর্গ টেনশনের মোকাবিলা করুক? আমি তো

এটাকে আমাদের সমাজের দ্বৈত মাপদণ্ডই বলব! এক দিকে তো মাতা-পিতা নিজেদের বাচ্চাকে এই প্রতিযোগী দুনিয়ায় সবার ওপরে দেখতে চান... আবার অন্য দিকে তাকে কড়া মেহনতের

চাপের থেকেও দূরে সরিয়ে রাখতে চান! এমনটা কি করে সম্ভব? যেসব বাচ্চা নিজের জীবনে উচ্চ আশা + অতি সুরক্ষাত্মক মনোভাবের এই দ্বৈত মাপদণ্ডের মুখোমুখি হয়... তারাই প্রায় টেনশনকে ভয়ে বদলে ফেলে!

যদি টেনশন থেকে উৎপন্ন এনার্জীর ইতিবাচক প্রয়োগ না করা হয়... তাহলে সেটা ভয়ে বদলে যায়!

দ্বিতীয় পর্যায় ঃ পরীক্ষার ভয়কে কি করে চিনবেন?

এই ভয় আলাদা-আলাদা ব্যক্তির মধ্যে আলাদা-আলাদা ভাবে প্রকট পায়! প্রায়ই বাচ্চারা এমন ভয়কে নিজেদের মাতা-পিতার থেকে লুকোবার চেষ্টা করে, যাতে কেউ তাদের নিয়ে হাসি-ঠাঠা না করে!

প্রারম্ভিক লক্ষণ তো উদ্বেগের মত হয়, যেমন – প্রথম বার মঞ্চে ওঠা বা প্রথম ডেট! পেটের মধ্যে গুড়গুড় করা, হৃদ্‌পন্দন তীব্র হয়ে ওঠা বা অত্যধিক ঘামতে থাকা!

যদি এই এ্যাটাক খুব গুরুতর হয়... তাহলে পুরো শরীর ঘেমে ওঠা, অস্থিরতা, দুর্বলতা, মাথা ঘোরা ইত্যাদি লক্ষণ প্রকট পেতে

পারে! হাত-পা অনুভূতিশূণ্য হয়ে আসতে পারে বা পুরো শরীর ঠাণ্ডা হয়ে আসতেও পারে!

অনেক বার খুব বেশী গুরুতর এ্যাটাকের বুকে ব্যথা হতে থাকে! ব্যক্তির নিজের ওপরে কোন নিয়ন্ত্রণ থাকে না! দম বন্ধ হয়ে আসার মত পরিস্হিতির উদ্ভব হয়!

তৃতীয় পর্যায় ঃ এই ধরণের এ্যাটাক থেকে সুরক্ষা

01. সাধারণ সতর্কতা ঃ প্রতিটি ছাত্র-ছাত্রীর পরীক্ষার ঠিক আগে পেটে গুড়গুড়ানির অনুভূতি হয়! এমনটা কল্পনা করুন যে, আপনি এক প্রোফেসর আর আপনার ওপরে প্রদর্শনের কোন চাপ নেই! এমনটা কল্পনা করলে সব ভয় পালিয়ে যাবে! এজন্য এমনটা মেনে চলুন যে, আপনি যা প্রস্তুতি নিয়েছেন... তার থেকেই ভালো ফলাফল প্রাপ্ত হবে! নিজের আত্মবিশ্বাস বজায় রাখুন!

02. ইতিবাচক বাক্য ঃ মন থেকে সমস্ত নেতিবাচক ভাবনা বার করে দিন! আত্ম-পরামর্শ দিয়ে ইতিবাচক বাক্য বলুন – *"আমি আত্মবিশ্বাসে ভরপুর!"*, *"আমি যা কিছু পড়েছি... আমার সব মনে আছে!"*, *"আমি সম্পূর্ণ রূপে শান্ত আর আমি স্পষ্ট রূপে চিন্তা করতে পারি!"*, *"আমি টেস্টের পূর্ণ প্রস্তুতি নিয়েছি!"* ইত্যাদি...!

03. পরীক্ষার সময় টিপস্ ঃ

অ) কোন প্রশ্ন বুঝতে না পারলে সেই প্রশ্নের উত্তর আগে লিখুন... যেটার উত্তর আপনার ভালো ভাবে জানা আছে! তারপর সেই অংশের প্রতি দৃষ্টি দিন, যেটা কিছুটা কম বুঝতে পারছেন!

আ) বার-বার মনোযোগ বিঘ্নিত হতে থাকলে কয়েক মুহূর্তের জন্য চোখ বন্ধ করে শ্বাস-প্রঃশ্বাসের ওপরে দৃষ্টি দিন! গভীর শ্বাস নিলে অক্সিজেনের মাত্রা বেড়ে উঠবে আর আপনি আরও ভালো ভাবে চিন্তা করতে পারবেন!

ই) পরীক্ষার আগের দিন রাতে ভারপুর ঘুমোন!

ঈ) ভয়ের কারণে নতুন বিষয় বা সামগ্রী পড়ার কোন লাভ হবে না! অন্তিম সময়ে বেছে নেওয়া পাঠ্যক্রমেরই রিভিশন করুন!

ক) নিশ্চিন্ত থাকুন আর এটা ভুলে যান যে, অন্যরা কি করছে!

হতে পারে যে, তারাও টেনশনে রয়েছে... কিন্তু প্রকাশ করছে না!

খ) নিদের্শাবলী সাবধানে পড়ুন! রোল নম্বরই ভুল জায়গায় লিখে ফেললে ভয়ের ভূত মাথায় চেপে বসবে!

গ) যে কোন প্রশ্নের উত্তর দেওয়ার আগে সেটা কম পক্ষে দু বার পড়ুন!

ঘ) সম্পূর্ণ টেস্টের ওপরে নজর বুলিয়ে সময়ের বাজেট বানিয়ে নিন!

ঙ) সময় কম থাকলে অন্তিম উত্তর টু দ্য পয়েন্ট লিখুন!

04. প্রয়োজনের তুলনায় বেশী শ্বাস নেওয়া বা উদ্বেগ এড়িয়ে চলুন ঃ
হায়পারভেন্টীলেশন *(Hyperventilation)* ভয়ের এ্যাটাকের পাক্কা লক্ষণ হয়! মস্তিষ্কে অক্সিজেনের স্তর কমে এলে এই লক্ষণ আরও বেড়ে ওঠে!

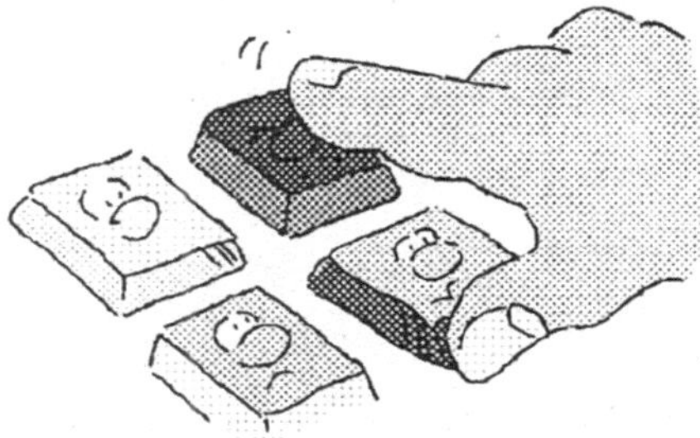

গভীর-ধীর শ্বাস দ্বারা এটাকে কাবু করুন! ধীরে-ধীরে 16 পর্যন্ত গুনতে-গুনতে শ্বাস নিন! 16 পর্যন্ত গুনতে-গুনতে শ্বাস আটকে রাখুন আর তারপর এই প্রকার শ্বাস ছাড়ুন! 8 থেকে 15-বার এমনটা করলে অনেকটা উপকার হবে!

পরীক্ষার আগে, নকল পরীক্ষা (Mock Test)-তে সেই প্রকার পরিবেশ বানিয়ে অভ্যাস করলে ভয় ছু-মন্তর হয়ে পড়ে!

05. নকল টেস্ট ঃ হ্যাঁ... আপনারা নকল টেস্ট দিয়েও এই ভয়ের থেকে মুক্তি পেতে পারেন! পরীক্ষার আগে, ঠিক সেই প্রকার পরিবেশ সৃষ্টি করুন! সেই সময় সীমায়, সেই ভাবে উত্তর লিখুন, যেমনটা আপনারা পরীক্ষার হলে লেখেন! নতুন জায়গায় পরীক্ষা দেওয়া, রুম খোঁজা আর নিজের সীটে বসার মত কাজগুলোকেও এই নকল টেস্টে শামিল করুন!

06. **মনোচিকিৎসা ঃ** বেশ কিছু গুরুতর মামলায় ওষুধের সাথে-সাথে মনোচিকিৎসাও দিতে হতে পারে! এখানে ছাত্র-ছাত্রীদের পরিস্থিতির সাথে লড়াই করার পদ্ধতি, শ্বাস টেক্‌নিক আর মনোযোগ কেন্দ্রীভূত করার পদ্ধতি শেখানো হয়! 6 থেকে 8 সপ্তাহের মধ্যে ভালো ফল সামনে প্রকাশ পায়!

❑

পরিণাম স্বীকার করে নিন

(এই অংশটি পরীক্ষার পরে পড়ুন)

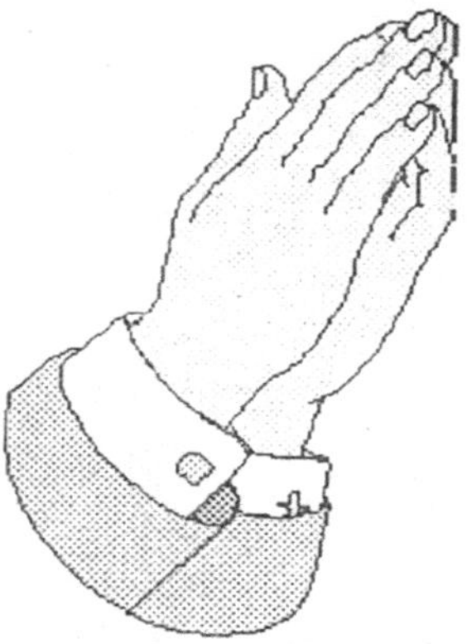

এখনও পর্যন্ত আমরা বেশী করে নম্বর পাওয়ার জন্য প্রাণপন পরিশ্রম করেছি! সফল হওয়ার ব্যাপারটাকে মাথায় রেখে পরীক্ষা দিতে যাওয়াটা অত্যন্ত গুরুত্ব রাখে! সেখানে সন্দেহের কোন স্হান থাকা উচিত নয়! আপনাকে যুদ্ধক্ষেত্রে এই চিন্তা করে যেতে হবে যে, আপনি সফল হবেন... কারণ অবচেতন মনে লুকিয়ে থাকা এক ছোট্ট সন্দেহও ব্যর্থতার কারক হয়ে উঠতে পারে!

পরীক্ষা দেওয়ার পর, ফলাফলের প্রতীক্ষা করার সময়, নিজের বিচারধারাকে দার্শনিকতার দিকে নিয়ে যেতে হবে! আপনাকে ভগবান শ্রী কৃষ্ণের সেই শব্দগুলি মনে রাখতে হবে – *"তোমার শুধু কর্ম করার ওপর অধিকার আছে... ফলের ওপর নয়!"* আপনি তো আপনার সাধ্যমতন পরিশ্রম করে নিয়েছেন... এবার সব কিছু ভগবানের ওপর ছেড়ে দিন! তিনি যা কৃপা করবেন... সেটাকেই প্রসাদ ভেবে গ্রহণ করুন!

আপনি যদি কঠোর পরিশ্রম করে থাকেন এবং এই পুস্তকে দেওয়া নিয়মগুলির পালন করেন... তবে আপনি সফল হবেনই – এতে কোন সন্দেহ নেই! আর আপনি যদি মনের মত সফলতা না-ও পান... তাতেও নিরশ হবেন না! হয়তো আপনার সফলতা আরও একটু প্রচেস্টা চাইছে! একটা যুদ্ধই অন্তিম যুদ্ধ হয় না! পরবর্তী যুদ্ধের জন্য তৈরী হয়ে নিন... জীবন যুদ্ধে জয়লাভ করার এটাই হচ্ছে একমাত্র পদ্ধতি!

❑